AF176772

Die Beatles und ihre Songs

Hintergründe und Geschichten

von

Wolfgang Brockers

Impressum

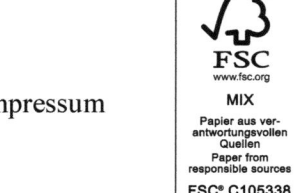

Bibliografische Information der Deutschen
Nationalbibliothek:

Die Deutsche Nationalbibliothek verzeichnet
diese Publikation in der Deutschen
Nationalbibliografie; detaillierte bibliografische
Daten sind im Internet über

http://dnb.de abrufbar.

© 2020 Wolfgang Brockers

Herstellung und Verlag: BoD – Books on
Demand, Norderstedt

ISBN: 9783752621525

Vorwort

Die Beatles sind heute Geschichte und in der Geschichte der Rock- und Popmusik haben sie unübersehbare Spuren hinterlassen. Sie haben Maßstäbe gesetzt, an denen sich nachfolgende Popgrößen messen lassen müssen. Noch heute, fünfzig Jahre nach dem Ende der Band, wirkt ihre Musik immer noch so frisch und dynamisch wie in den Sechzigern, als die Beatles die Rock- und Popkultur dominierten und revolutionierten. Es war nicht nur ihre mitreißende Musik, wodurch sie die Herzen der Zeitgenossen, insbesondere der Jugend gewannen. Mit ihrem unkonventionellen, frech-fröhlichen Auftreten stellten sie erstarrte gesellschaftliche Strukturen in Frage. So wurden sie nicht nur Leitbilder der Jugend, sondern auch der Erwachsenen. Die Beatles zeigten ihnen, dass man auch als Angehöriger der Arbeiterschicht etwas Großartiges erreichen und viel Geld verdienen kann.

Die Beatles waren das herausragende kulturelle Ereignis der „Swinging Sixties", wodurch sie vielfältige kulturelle und gesellschaftliche Veränderungen in Gang setzten. Ihr Erfolg, ihre musikalische Kreativität und Produktivität sind bis heute beispiellos. Auch wenn die Fans von damals inzwischen in die Jahre gekommen sind, blieben doch zig Millionen von ihnen über Jahrzehnte hinweg ihren Idolen, den Fab Four, treu. Dies belegen unzählige Beatles-Fanclubs weltweit, in denen die Erinnerung an die Beatles und ihre Musik bewahrt wird. Auch unter den „Zu-spät-Geborenen", die die Beatles nicht mehr als Band erleben konnten, gibt es eine riesige Fangemeinde, deren Begeisterung sich aus dem nachträglichen Erleben und Kennenlernen ihrer Musik entwickelte.

Man kann sich auch heute noch am Klangerlebnis der Beatles-Songs oder am Gesamtphänomen ihrer sagenhaften Karriere erfreuen und daraus ein positives Lebensgefühl beziehen. Die Beatles hatten sich nicht nur zu bemerkenswerten Persönlichkeiten entwickelt, sondern auch mit ihrer musikalischen Kreativität die damalige Fachwelt immer wieder in Erstaunen versetzt. Wer sich etwas genauer mit der Entwicklung und Charakter ihrer Songs und vor allem ihrer Texte befasst, kann darin einen Spiegel des Zeitgeistes, ihrer jeweiligen psychischen Verfassung und zuweilen auch des Innenlebens der Band erkennen. Dieser Aspekt ist m.E. bisher trotz der ungeheuer zahlreichen Bücher über die Beatles bislang zu kurz gekommen.

Dieses vorliegende kleine Bändchen verfolgt nun diesen Ansatz genauer. Der Leser kann sich damit auf Spurensuche nach besonderen Hinweisen begeben, die sich aus Song-Entstehung und näherer Textanalyse ableiten lassen. Dabei werden auch eingefleischte Beatles-Fans noch so manchen verblüffenden Aspekt kennenlernen, den sie beim Hören der Songs bislang noch nicht wahrgenommen hatten. Am Anfang steht ein kurzer Überblick über die Geschichte der Band sowie über den Charakter ihrer Songs als Spiegel ihrer Entwicklung. Ihrer Karriere folgend werden nachfolgend vierzehn Songs exemplarisch näher betrachtet, die entweder bezüglich der Band, der Protagonisten John Lennon und Paul McCartney oder der Textinhalte wegen besonders aufschlussreich sind. Das wird die jungen wie alten Beatles-Fans in die Lage versetzen, die Songs erneut mit wahrscheinlich noch mit größerem Vergnügen zu hören. Außerdem kann man dabei ein noch differenzierteres und vollständigeres Bild von den ‚Fab Four' gewinnen. Die LeserInnen können hiermit die Karriere der Beatles noch einmal etappenweisen nacherleben, was ihnen dann hoffentlich ein anregendes Lesevergnügen bereiten wird. In diesem Fall hätten sich Recherchen und Arbeit an diesem Bändchen für den Autor schon gelohnt.

Für ihre Hilfe beim mühsamen Korrekturlesen danke ich meiner Frau Monika und meinem Karatefreund Long Tang Chieu von Herzen. Meinem Musikkameraden Carsten Hendricks bin ich erneut für seine große Hilfe beim Layout und Hochladen des Manuskripts dankbar. Sollten sich trotz aller Mühen im Text noch unkorrigierte Fehler finden, gehen diese allein auf meine Kappe.

Mönchengladbach im Dezember 2020

Wolfgang Brockers

Inhalt

ERSTER TEIL

Die Beatles und ihre Songs

1. Die Beatles – ein Meilenstein der Musikgeschichte

Die Beatles werden oft als größte Rockband aller Zeiten bezeichnet. Was den Erfolg an Plattenverkäufen, Charts-Platzierungen sowie ihren musikalischen und sozialen Einfluss angeht, kann es daran auch keinen Zweifel geben. Ihre Musik und ihre phänomenale Popularität machten sie zum herausragenden kulturellen Ereignis der 1960er Jahre. Obwohl sich die Band 1970, also vor 50 Jahren trennte, ist ihr Einfluss bis heute spürbar, so dass viele Musikkritiker die Beatles sogar als das herausragende musikalische Ereignis des 20. Jahrhunderts ansehen.

Vier junge Burschen aus der Liverpooler Arbeiterschicht, John Lennon, Paul McCartney, George Harrison und Ringo Starr, wurden in den „Swinging Sixties" die größte Rock- und Pop-Sensation aller Zeiten. Sie setzten musikalisch neue Maßstäbe und machten aus dem Rock'n Roll eine globale Popkultur. Dabei initiierten sie zahlreiche soziale und gesellschaftliche Veränderungsprozesse, insbesondere im konservativen England, wo sie sich innerhalb eines Jahres den Status von nationalen Helden und die

Gunst von Teilen der Königsfamilie erwarben. Mit ihren eingängigen Songs und ihrem frech-fröhlichen Auftreten auf der Bühne und in der Öffentlichkeit vermittelten sie den Hörern und Zeitgenossen ein positives Lebensgefühl und eine Portion Zukunftsoptimismus. 1963 hatten sie in direkter Folge drei Nummer-Eins-Hits und belegten mit ihren beiden ersten Alben für 51 Wochen Platz eins in den LP-Charts, was ihnen auch mit fast allen weiteren Produktionen gelang. Sie trafen den Nerv der Zeit; ihre Songs kamen bei der Jugend an und brachten damit die Gefühlslage unzähliger Teenager zum Ausdruck. So wurden sie bejubelte Idole der Jugend, woraus sich zunächst in England die sogenannte ‚Beatlemania', eine Massenhysterie entwickelte, wo auch immer John, Paul George und Ringo auftraten. In den Folgejahren entstand daraus ein weltweites Phänomen, nachdem sie zu Weltstars, zum berühmtesten Exportschlager Englands geworden waren. Ihren Durchbruch zum Welterfolg verdankten sie zunächst der Tatsache, dass sie mit ihrem Song „I Want To Hold Your Hand" erstmals auch in den USA einen Nummer eins-Hit hatten. Als sie darauf im Februar 1964 in der populären Ed Sullivan-Show auftraten, wurde das zu einem historischen Fernsehereignis mit der höchsten bis dahin gemessenen Einschaltquote. Fast die Hälfte

15

der US-Amerikaner erlebte als Fernsehzuschauer den Auftritt der Beatles und wurde mehrheitlich vom Beatles-Fieber infiziert. Es folgten Tourneen (insgesamt vier in die USA) rund um den Globus und bald waren die Beatles und ihr „yeah, yeah, yeah" auch im letzten Winkel der Erde bekannt. Dazu produzierten sie nahezu wie am Fließband erfolgreiche Hits und konnten ihre unglaubliche Popularität sogar mit drei Spielfilmen zusätzlich in ‚klingende Münze' umwandeln. Mit der Zeit wurden sie jedoch zunehmend Gefangene ihres eigenen Ruhms, die fast kein Privatleben mehr hatten. Bei ihren Konzertreisen konnten sie aus Sicherheitsgründen ihre Hotelzimmer nur noch für den Weg zur Bühne verlassen. Die Polizisten mussten für sie Schneisen durch Menschenmassen schlagen und Hysterie und Tumulte nahmen bei ihren Auftritten ein solches Ausmaß an, dass sie sich selbst nicht mehr hören konnten. Das hatte zur Folge, dass sie sich bei Auftritten kaum noch Mühe gaben und musikalisch immer schlechter wurden. Im August 1966, nach ihrem Konzert im Candlestick Park von San Francisco, beschlossen die Vier, keine Konzertreisen mehr zu machen, auch wenn sie damit auf ihre lukrativste Einnahmequelle verzichten. Nach einer schöpferischen Pause von einigen Monaten begannen sie als Studiomusiker eine neue Phase ihrer Karriere und überraschten im Sommer 1967 die Welt mit ihrem „Sgt. Pepper Album", was bis heute allgemein als das beste und innovativste Pop-Album aller Zeiten angesehen wird. Es ist ein künstlerisches Statement ersten Ranges, das bis dahin Ohnegleichen war. „Sgt. Pepper" sprengte den Rahmen der bisherigen Pop-Musik und entführte die Zeitgenossen und Fans in ganz neue, ungeahnte Klangwelten.

Die Musik der Beatles wurde für mehr als ein Jahrzehnt der vorherrschende Stil und Maßstab der Popmusik. Im Fahrwasser ihres Erfolgs und Ruhms entstanden in kurzer Zeit unglaublich viele Beat-Bands, von denen auch viele sehr erfolgreich und populär wurden wie etwa die Rolling Stones, die Dave Clark Five, die Kinks oder die Searchers. Auch wenn diese zuweilen sehr erfolgreiche Hits hatten, konnten sie jedoch die Dominanz der Beatles zu keiner Zeit in Frage stellen. Die immer größer werdende Beatwelle bewirkte jedoch, dass England in den 1960er eine Explosion an musikalischer Kreativität und Produktivität erlebte und Liverpool für eine Weile der Nabel der Popmusik wurde.

Nachdem die Beatles die USA im Sturm erobert hatten, folgten ihnen im Windschatten viele weitere englische Beatgruppen und hatten ebenfalls Erfolg, so dass man in den USA von der „British Invasion" sprach. Dadurch wurde für etwa eine Dekade auch in den USA die britische Popmusik tonangebend. Während die Beatles in England von der Jugend als Idole und Helden verehrt und vom Establishment immerhin als erfolgreiche, frech-fröhliche Rockstars akzeptiert wurden, erfuhren sie in den USA eine nahezu religiöse Verehrung, die sie zuweilen in göttliche Sphären erhob. Das war ihnen, die stets vermieden abzuheben, jedoch absolut zuwider. Spätestens mit ihrem Welterfolg „All You Need Is Love" von 1967 wurden sie dann aber, ob sie es wollten oder nicht, zu Galionsfiguren des „Summer of Love" und der „Flower-Power-Bewegung". Als George Harrison die Hippie-Szene in San Francisco besuchte, wurde er dort fast wie ein Messias empfangen. Der sogenannte ‚Drogenpapst' Timothy Leary sagte in jener Zeit sogar über die Beatles:

„Die Botschaft aus Liverpool ist das Neueste Testament der vier Evangelisten - den heiligen John, Paul, George und Ringo (Timothy Leary in: Turner 2008, S. 205)."

Da Erfolg und vor allem großer wirtschaftlicher Erfolg immer auch eine politische Dimension hat, waren sich in England manche Politiker nicht zu schade, den Ruhm der Beatles für ihre politische Zwecke zu nutzen und sie vor ihren „Karren zu spannen." So ging auch von Premierminister Wilson die Initiative dazu aus, dass die Beatles im Jahr 1965 von Queen Elisabeth II den Orden „Member of the British Empire" erhielten. Dabei dürfte auch der Umstand eine Rolle gespielt haben, dass die Beatles in den Jahren 1964/65 durch ihre Plattenverkäufe dem britischen Fiskus mehr Steuereinnahmen bescherten als die gesamte britische Autoindustrie, die damals noch eine bedeutende Rolle in Europa spielte. Da sich die Beatles aber als Rockmusiker sahen und nicht vom Establishment vereinnahmt werden wollten, hatten John, Paul, George und Ringo zunächst vor, die Ordensverleihung abzulehnen. Schließlich akzeptierten sie diese jedoch als Teil des Showgeschäfts, dem sie sich nicht entziehen konnten.

Während ihrer Tournee-Jahre 1963 bis 1966 hatten die vier Beatles kaum ein Privatleben gehabt und einen großen Teil dieser Zeit zusammen auf Reisen, in Hotels oder auf der Bühne gemeinsam verbracht. Als 1967 die Konzertreisen vorüber waren, nahm ihr lange vermisstes Privatleben zwangsläufig eine größere Rolle in ihrem Leben ein. Dazu verfolgten sie auch zunehmend individuelle Interessen. Sie waren inzwischen verheiratet (Paul heiratete als Letzter erst 1969), John und Ringo waren auch schon Familienväter. Dadurch wurde der bislang extrem enge Zusammenhalt der Band naturgemäß etwas lockerer. Dennoch verstanden sie sich zunächst weiterhin gut, auch wenn sie nun nur noch eine Studioband waren, die aber weiterhin Hits in Serie produzierte. Sie waren reifer und selbstbewusster geworden; bei ihren Songaufnahmen orientierten sie sich nicht mehr so sehr an den Erwartungen ihrer Fans, sondern suchten für ihre Songs und ihre Musik neue Herausforderungen und Horizonte. Auch wenn sie dabei sehr viel experimentierten und ihren Fans mit manchen Produktionen sehr viel Toleranz abverlangten, konnten sie auch in jener Phase immer noch tolle Rock'n Roll-Titel wie etwa „Lady Madonna" oder „Revolution" abliefern.

Eine Zäsur stellte für die Beatles jedoch der Tod ihres Managers Brian Epstein dar, der für sie jahrelang alle organisatorischen und geschäftlichen Dinge erledigt und die Band stets zusammengehalten hatte. Ohne ihn tat sich für die

Vier ein großes Vakuum auf. Kein Außenstehender konnte Brian ersetzen. Da keiner der anderen Drei dafür Interesse zeigte, nahm Paul McCartney nach und nach die Zügel der Bandführung in die Hand. Daraus ergab sich jedoch für die Band, in der es bis dahin immer gleichberechtigt und demokratisch zugegangen war, ein Problem, insbesondere wenn Paul mit seinen Ideen und Projekten bestimmend auftrat. Mit immer neuen Projektideen wie der „Magical Mystery Tour" versuchte Paul die auseinanderdriftenden Interessen der Bandmitglieder zusammenzuhalten. Insbesondere seit John mit der japanischen Künstlerin Yoko Ono eine neue Lebenspartnerin gefunden hatte, erlahmte allmählich Johns Interesse an seiner Band. Dazu kam, dass George mit seiner Hinwendung zur indischen Kultur und Religion auch nur noch wenig Begeisterung für die Band empfand, zumal ihn Pauls Dirigismus zunehmend nervte. Häufig gab es Streit zwischen Paul und John, wessen Song als A-Seite der nächsten Single gelten sollte. George war schon lange unzufrieden, da er seiner Meinung nach mit seinen Songs nicht angemessen bei Plattenveröffentlichungen berücksichtigt wurde. Es knirschte heftig im Bandgefüge.

Kurz schien es so, als könnte ihr Meditationsseminar in Indien 1968 alle noch einmal zusammenführen. Doch konnte weder Yogi Maharishi ihre spirituellen Bedürfnisse und Interessen erfüllen, noch wurde der gemeinsame Bandgeist dadurch gestärkt. Allerdings waren sie während ihres Indienaufenthalts sehr kreativ und schrieben viele neue Songs. Weil sie sich aber nicht auf eine Auswahl der Songs einigen konnten, erschien nicht statt wie üblich eine LP, sondern eine Doppel-LP, das ‚Weiße Album'. Es ist ein vielsagendes Indiz zum damaligen Zustand der Band, dass für dieses Album bei keiner Songaufnahme alle Vier mitwirkten. So wurde dieses Album ein merkwürdiges Sammelsurium unterschiedlicher Musikrichtungen ohne erkennbaren roten Faden. Dabei sind darauf viele starke Titel enthalten, die unter Verzicht der schwächeren Titel wieder ein großartiges Album ergeben hätten.

Um den alten Bandgeist wieder zu beleben, schlug Paul McCartney vor, wieder mal ein Livekonzert zu geben, wozu er jedoch von den Anderen, besonders von George, eine klare Abfuhr erhielt. Sie konnten sich gerade noch dazu verständigen, ihren dritten Spielfilm zu produzieren, zu dem sie noch vertraglich verpflichtet waren. Doch die

Dreharbeiten zum Film „Let It Be", der die Vier bei Proben und Aufnahmesessions für die nächste LP im Studio zeigt, gerieten zu einem Fiasko und manifestierten letztlich das Auseinanderbrechen der Band. Um ihren Fans, für die TV-Aufzeichnungen kein Ersatz für ein Live-Konzert waren, noch einmal ein echtes Beatles-Erlebnis zu ermöglichen, gaben sie ein Spontankonzert auf dem Dach ihres Apple-Hauses in der Londoner ‚Savile Row'. Dabei spielten sie die markantesten Titel ihrer künftigen LP „Let It Be" und zeigten den Beobachtern und Hörern, dass sie beim Musizieren immer noch als großartige Band harmonierten. Allerdings konnten sie sich erneut nicht einigen, welche Songs auf die geplante LP kommen und wie der Film geschnitten werden sollte. Darum legten sie das ganze Projekt zunächst auf Eis und gaben das ganze Material zur finalen Bearbeitung an den Produzenten Phil Spector. So erschienen Film und LP erst 1970, nachdem sich die Beatles schon getrennt hatten.

Ernüchtert und betroffen über diesen kläglichen Misserfolg erschien Paul McCartney bald darauf bei ihrem geschätzten Produzenten George Martin und bat ihn, noch einmal mit ihnen eine LP in alter bewährter Art und Weise aufzunehmen. Daraus entstand dann mit „Abbey Road" in relativ kurzer

Zeit noch einmal ein absolutes Meisterwerk mit großartigen Songs. Auf der B-Seite schufen Paul McCartney und George Martin eine Art Rockoper mit vielen ineinander greifenden Motiven und einem furiosen Instrumentalfinale. Diese vermittelte nicht wenigen Hörern den Eindruck, als spielten hier alle Beatles noch einmal in dem Bewusstsein zusammen, dass es ihr letztes Mal für immer sein würde. Es wurde das grandiose Finale einer einmaligen Musikkarriere. Bei den Aufnahmen zu diesem Album gingen sie sich jedoch möglichst aus dem Weg, so dass George Martin meistens separate Aufnahmesessions mit ihnen machte. Aber das merkt man dem Album nicht an. Vielmehr wurde es ihr erfolgreichstes Album. Als letztes Beatles-Album mit dem Coverbild der Beatles auf dem Zebrastreifen gewann es bald Kultstatus. Als dieses Album 50 Jahre nach dem ersten Erscheinen noch einmal als Jubiläumsausgabe veröffentlicht wurde, eroberte es auf Anhieb wieder Platz eins der LP-Charts. Allen Widrigkeiten und Unstimmigkeiten zum Trotz hatten die Beatles auch in dieser Spätphase noch außerordentlich gute und erfolgreiche Songs produziert, die wie z.B. „Let It Be", „Come Together", Something" , Long And Winding Road" oder „Get Back" unvergessliche Klassiker und Evergreens der Popmusik wurden.

Zum endgültigen Zerwürfnis in der Band kam es schließlich über den Streit um die Geschäftsführung ihres Unternehmens „Apple Corps Ltd.", das sie mit einer naiven Geschäftsidee und ohne jegliche geschäftliche Kompetenz gegründet hatten. „Apple" erwies sich als Fass ohne Boden; in kurzer Zeit verschwanden Millionenbeträge, so dass sie schon nach einem halben Jahr befürchten mussten, bald pleite zu sein. Alle waren sich einig, dass sie zur Rettung ihres Unternehmens professionelle Hilfe brauchten. Während Paul dafür seinen Schwiegervater in spe, den New Yorker Anwalt Lee Eastman, favorisierte, entschieden sich die drei Anderen gegen seinen Willen für Allen Klein, einen in der Popszene bekannten Geschäftsmann mit zweifelhaftem Ruf. Dieser erhielt den Sanierungsauftrag und die Vollmacht über ihr gemeinsames Geschäftspotential und -vermögen. Nachdem die anderen Beatles in jener Zeit verstärkt mit ihren Solo-Projekten beschäftigt waren und John intern schon seinen endgültigen Ausstieg aus der Band verkündet hatte, erklärte Paul schließlich im April 1970 seine Unabhängigkeit.

Das war das formelle Ende der erfolgreichsten Band der Welt, die als solche schon seit einem Jahr nicht mehr bestand. In den knapp acht Jahren von ihrem ersten Plattenerfolg bis zur Trennung der Band hatten sie jedoch wie niemand zuvor den Zeitgeist geprägt und zahlreiche sozio-kulturelle Veränderungsprozesse in Gang gesetzt. Die Beatles waren eine außergewöhnliche Band und ein beispielloses Phänomen der Popgeschichte. Das hatte maßgeblich damit zu tun, dass sie sich nie auf ihren Lorbeeren ausruhten. So blieben sie auch nicht beim Schema ihrer frühen Jahre, der Zeit der Beatlemania, stehen. Sie erweiterten ständig den Horizont ihrer Musik. Dadurch wurde jedes Album komplexer als das vorige. Auch bei aller Experimentierfreude verloren sie nie die Fans aus den Augen, so dass diese ihre Idole und deren Musik auf jedem Album auch wiederfinden bzw. daran anknüpfen konnten. Die Beatles waren die erste Band, die den Rock'n Roll zu einer Kunstform erhob und ihn für völlig neue künstlerische Dimensionen erschloss. Ihre Wirkung auf die Popmusik ist auch noch heute, nach einem halben Jahrhundert, spürbar.

2. Die Songs – Spiegel der Bandgeschichte

Paul McCartney und John Lennon hatten mit dem Songschreiben begonnen, lange bevor sie berühmt wurden. Dabei orientierten sie sich inhaltlich an Songs, die sie in ihrer Jugendzeit toll fanden und die sie anfangs bei ihren Auftritten als Coversongs spielten. Diese übliche Textausrichtung behielten sie auch bei, als sie mit ihren eigenen Songs den Durchbruch zum Erfolg und Ruhm geschafft hatten. Die Texte drehten sich thematisch um jugendliche Liebe, Sehnsucht oder Einsamkeit und unterschieden sich nicht wesentlich von dem, was man bis dahin in der Rock- und Popmusik gewöhnt war. Sie waren mit ihrem einfachen Ich-Du-Schema eindeutig und klar, so dass sie keiner näheren Erklärung bedurften. Das zeigt sich sehr deutlich bei ihren frühen Erfolgstiteln wie z.B. bei „Love Me Do", „Please, Please Me" oder „From Me To You", was womöglich die weiblichen Fans direkter angesprochen hat, als frühere Rock'n Roll-Songs. Obwohl keiner der Beatles eine formelle musikalische Ausbildung erhalten hatte, boten aber schon ihre frühen Songs einen musikalischen

Reichtum und eine Vielfalt, die sie von anderen Interpreten ihrer Zeit positiv abhob.

Ihr außergewöhnlicher Erfolg hatte eine globale kulturelle Wirkung, wodurch die Beatles und ihre Songs sehr bald das Interesse von Soziologen, Psychologen und Musikwissenschaftlern weckten. Solche Leute begannen die Beatles musikalisch ernst zu nehmen, so wie man es normalerweise mit Bach, Beethoven oder Schubert tat.

Der Musikkritiker der Londoner Times pries schon Ende 1963 ihre instrumentale Vielseitigkeit, ihre mitreißenden Gesangsduette und ihre Fähigkeit, afrikanischen Blues oder amerikanische Westernmotive in robusten feinfühligen Merseyside zu übersetzen (vgl. Turner 2006, S. 19. Dagegen erregten ihre Texte zunächst kein besonderes Interesse. Sie waren fast alle fiktiver Natur und allgemein gehalten, so dass sich viele junge Leute davon angesprochen fühlen konnten. In jedem Song, den sie in den ersten beiden Jahren aufnahmen, ging es um das Thema Liebe. Persönliche Erfahrungen, biografische Elemente oder spezifische Botschaften findet man in ihren Texten bis 1964 so gut wie keine. Vorrangiges Ziel ihrer frühen Songs war Unterhaltung, nicht Didaktik. *„Unsere Texte sind nicht intelligenter als* *andere, aber wir versuchen immer etwas anderes auf die Weise zu sagen, wie ein Song es sagen sollte (Paul McCartney in: Turner 2006, S. 133).*

Während Paul, der eine glückliche Kindheit in der Geborgenheit der Familie erlebt hatte, in seinen Songs fast immer Optimismus versprühte, offenbarte John in seinen Titeln stets eine gewisse Vorsicht. Die für ihn traumatischen Erlebnisse in seiner Kindheit und Jugend hatten dafür gesorgt, dass er eine Schutzmauer aus Witzen, abfälligen Bemerkungen oder boshaften Kommentaren um sich herum aufgebaut hatte. Um nicht erneut verletzt oder enttäuscht zu werden, war er verschlossen und vermied es, Einblick in sein Innenleben zu gewähren. Obwohl sie in den Texten ihrer frühen Hits keine bewussten Botschaften verbreiten wollten, bringen sie jedoch mehr oder weniger alle solche Anliegen wie Liebe, Freiheit, Wahrheit und der existenzialistischen Betonung des Lebens im Hier und Jetzt zum Ausdruck. Ein gutes Beispiel für die ,Lebe-den-Augenblick-Haltung' findet sich in Pauls Song „I Follow The Sun". Darin warnt Paul sein Mädchen, er werde nicht bleiben, wenn seine Leidenschaft verbliche und die Zeiten hart würden. Er drückt darin aus, dass ihn nur die guten Zeiten der Beziehung interessierten und er sich davon machen würde, immer der Sonne nach, sobald es anfinge zu 'regnen' (vgl. Turner 2006, S.113).

Als diesbezüglichen Wendepunkt muss man ihre Begegnung mit Bob Dylan und ihr beginnender Drogenkonsum von Marihuana ansehen, worauf Dylan sie gebracht hatte. Als sie sich mit Dylans Texten befassten, mussten ihnen ihre eigenen Texte ziemlich naiv und belanglos vorgekommen sein. John bewunderte Dylans leichten Umgang mit der Sprache und die raue Ehrlichkeit seiner Texte, in denen Gesellschaftskritik und moralische Werte zum Ausdruck kamen. Beflügelt von Dylans Vorbild fühlte sich John ermutigt, offener mit seinen Gefühlen umzugehen, und begann mehr für sich selbst zu schreiben.

„Ich versuchte einfach auszudrücken, was ich über mich selbst empfand, (...) Ich glaube, es war Dylan, der mir half das zu erkennen. Vorher hatte ich so eine Profi-Songschreiber-Einstellung zum Schreiben von Popsongs (John Lennon in: Turner 2006, S. 161)."

Das Album „Help", das schon früh von vielen Fachkritikern als Übergangswerk bezeichnet wurde, entstand schon unter Marihuana-Einfluss. Johns Titelsong „Help" wurde von ihm später als

Ausdruck seiner inneren Befindlichkeit in jener Zeit bezeichnet und zeigt damit erstmals einen deutlich biografischen Bezug. In der Folgezeit offenbarten Songs wie „Nowhere Man" oder „In My Life", den John als Wendepunkt seines Songschreiber-Lebens bezeichnete, eine vorher nicht vorhandene Innenschau. Als sie regelmäßig ‚Gras' rauchten, orientierten sie sich alle mehr nach innen und entwickelten ein stärkeres Bewusstsein für das Spirituelle. Das veränderte ihre Musik und ihr Auftreten gewaltig. Ihr nächstes Album „Rubber Soul", von ihnen auch mal „Pot-Album" genannt, markiert deutlich ihre Abkehr vom stark physischen, für Kellerclubs geeigneten Beatsound hin zu kopfbetonteren, mehr für's Hören geeigneten Songs. Allmählich streuten sie kleine Botschaften und Hinweise über den Drogenkonsum, über's ‚High-Sein', in ihre Texte ein. So finden sich in vielen ihrer folgenden Songs diskrete Hinweise darauf wie z.B. „Got to get you into my life" oder „I get high with a little help from my friends". Ihren Titel „The Word" verbanden sie allerdings bewusst mit einer ernsten Botschaft über die allumfassende, verwandelnde, selbstlose Liebe, wovon sonst nur in philosophischen oder religiösen Schriften zu lesen war. John versuchte bei diesem Titel zwei Bedeutungen von ‚Wort' im Sinne von Liebe als

Wort und Liebe als Heilsbotschaft zu vermitteln, und bewegte sich dabei sehr nah am christlichen Evangelium. Bemerkenswert ist der feststellbare Wandel des bis dahin eher verschlossenen John, der sich im Text von „The Word" nun mit einer geradezu evangelistischen Botschaft als spiritueller Führer an seine Hörer wandte: *„Now that I know what I feel must be right / I'm here to show everybody the light."* *(„Jetzt, wo ich weiß, dass das, was ich fühle, richtig ist, bin ich hier, um allen das Licht zu zeigen.")* John präsentiert sich darin als erleuchtete Person, die qualifiziert ist, andere zu führen. „The Word" wurde zum Prototyp für den folgenden Welterfolg „All You Need Is Love", in dem John den Eindruck vermittelte, als wäre Liebe für alle Menschen das Wichtigste.

Schon bei „Rubber Soul" war der Drogeneinfluss auf die Musik der Beatles deutlich spürbar, aber beim Album „Revolver" schlugen ihre veränderten Wahrnehmungen richtig durch. Das hatte vor allem damit zu tun, dass sie inzwischen LSD als neue Droge für sich entdeckt hatten. Ihre halluzinogenen Erfahrungen brachten sie auf den Gedanken, ihre Musik als Orchestrierung ihrer LSD-Trips" zu gestalten, und tatsächlich entwickelten sich die Beatles-Platten in der Drogenszene zur ‚Tripmusik'. Als schienen sie das zu wissen, streuten sie dafür spezielle Akzente in ihre Songs ein, wie z.B. „Turn off your mind" ("Schalte deinen Verstand ab") und „Let me tell you" („Lass mich dir sagen"), womit sie sich als freundliche und erfahrene spirituelle Führer ausgaben. Der letzte Ratschlag von „Revolver" lautete, dass man auf die Farbe seiner Träume hören sollte. Diese Aussage wird vor dem Hintergrund verständlich, dass unter dem Einfluss von LSD Farben ‚gehört' und Geräusche ‚gesehen' werden könnten (vgl. Turner 2006, S. 197f).

Nach einer längeren Pause erschien als nächstes Album ihr vielgerühmtes Werk „Sgt. Pepper", das häufig als erstes Konzeptalbum bezeichnet wurde, obwohl es keine innere Verbindung der Songs gab. Aber es erschien auch nicht nur als eine Zusammenstellung von Songs, sondern eher als ein Kunstwerk, das in seiner Gänze konsumiert werden sollte, um dabei eine neue künstlerische Dimension der Popmusik zu erleben. Die Songs behandelten ganz unterschiedliche Themen mit z.T. realem Hintergrund. Während einige Titel ganz ohne jeden Drogenbezug waren, gab es aber wieder manche mit dezenten Hinweisen.

„Die Beatles machten sich einen Spaß mit der Begierde des Publikums, Anspielungen auf Drogen

33

zu finden, und sprachen in „Lovely Rita" davon,
„etwas Tee zu nehmen", in „With A Little Help
From My Friends" „high" zu werden und in „A
Day In The Life" davon, sich einen „Smoke" zu
gönnen (Turner 2006, S. 207)."

Bei Johns Titel „Lucy In The Sky With Diamonds"
waren sogar viele Zeitgenossen der festen
Überzeugung, darin einen Hinweis auf LSD zu
erkennen.

Der außergewöhnlichste Titel auf „Sgt. Pepper"
war zweifellos George Harrisons indisch
klingender Song „Within And Without You".
George hatte sich seit längerer Zeit intensiv mit
indischer Musik und Religion befasst. Seine
Drogenerfahrungen entsprachen für ihn in
zentralen Punkten der Hindu-Lehre. Diese verband
er nun mit diesem, viele Fans irritierenden Song.
Neben der ungewohnten Instrumentierung und
dem indisch-exotisch Rhythmus bot er hinsichtlich
des Textes mehr hippie- und drogenrelevante
Formulierungen als der ganze Rest des Albums
zusammen. So heißt es in „Within And Without
You" u.a. „The space between us all" (der Raum
zwischen uns allen), „ a wall of illusion" (eine
Mauer der Illusionen), „it's all within yourself" (es
ist alles in dir selbst), „we're all one" (wir sind alle

eins) oder „with your love we could save the world" (mit deiner Liebe könnten wir die Welt retten). Der Song gleicht einer religiösen Lehrrede, der auf einer grundlegenden spirituellen Erfahrung basiert. Da sich die Beatles in jener Zeit nun immer stärker mit transzendenter, spiritueller Erfahrung befassten, wuchs George, der bis dahin am tiefsten in die östliche Religiosität eingedrungen war, vorübergehend eine diesbezügliche Führerschaft zu, und „Within And Without You" trug das Seine dazu bei.

Durch ihre Drogenerfahrungen war bei allen Beatles das Interesse an östlichen Religionen und letzten spirituellen Erkenntnissen gewachsen. Nachdem sie im August 1967 vom Yogi Maharishi eine Einführung in die ,Transzendentale Meditation' (TM) erhalten hatten, gewann ihr spirituelles Wohlergehen für sie höchste Priorität; es wurde sogar noch wichtiger als Musik und Geldverdienen. Mit der TM glaubten sie nun, den entscheidenden Schritt zu letzter Wahrheit und religiöser Einsicht machen und den Drogenkonsum als Zwischenetappe hinter sich lassen zu können. Ihre Meditationsübungen und die Vertrautheit mit ,Mantras' wirkten sich dann auch auf ihre nächsten Plattenaufnahmen aus, indem sie zunehmend Wiederholungen einsetzten, wie z.B. bei „Hello

Goodbye", „All Together Now", was 49 mal wiederholt wird, oder bei „Hey Jude" , bei dem in der Schlussphase der Laut ‚na' 220 mal wiederholt wird.

Georg Harrison hatte inzwischen in der Hindu-Religion und der östlichen Spiritualität sein endgültiges Lebensthema gefunden. Diese Ausrichtung wurde weiter verstärkt, als ihn ein Sanskrit-Gelehrter auf das Kapitel 47 im „Tao-te king", dem ‚heiligen Buch vom Weg und der Tugend' der alten Chinesen, aufmerksam machte. Darin heißt es u.a.

„Ohne das Tor zu verlassen /Kannst Du das Erdreich erfassen;/Ohne durchs Fenster zu spähn / Den Weg des Himmels sehn. Je weiter wir hinausgegangen/ Desto geringer wird unser Verstehen. /Deshalb der heilige Mensch:/ Ohne zu wandeln versteht er; / Ohne zu sehn, benennet er; / Ohne zu tun, vollendet er (Lao-tse, Tao-te king). "

Diese uralte Weisheit erschien den Beatles damals fast wie ein zeitgenössischer Text und George Harrison fühlte sich dadurch in seiner Auffassung bestätigt, dass alle Reichtümer im Innern lägen. Für seinen Song „The Inner Light" übernahm George den vollständigen Text des o.g. Kapitels und unterlegte ihn mit indischer Musik. Er wurde neben „Within And Without You" der religiöseste Titel der Beatles.

Im Februar begannen die Beatles im indischen Rishikesh ihr mehrwöchiges Meditationsseminar unter der Leitung ihres Gurus Yogi Maharishi. Sie nahmen diese Sache sehr ernst und verzichteten auf Drogen. Ohne Telefon und Fernsehen kamen sie dort zur Ruhe und lernten wieder die elementaren Dinge des Lebens zu schätzen. Ihre Kreativität wuchs wieder und - nur mit ihren akustischen Gitarren ausgestattet - schrieben sie eine Vielzahl einfacher Songs, die sich etwa auf andere Seminarteilnehmer, auf den Guru oder alltägliche Erfahrungen bezogen. Aber sie brachen nach und nach das Abenteuer Rishikesh ab, da der Yogi ihre wohl zu hohen Erwartungen nicht erfüllen konnte und sich auch nur als Mensch mit Schwächen erwies. John war völlig desillusioniert und wollte fortan nichts mehr von spirituellen Führern wissen. In seiner Enttäuschung schrieb er einen bissigen Song namens „Maharishi", der alle zum Narren gehalten hätte, gab dem Song dann aber für das „Weiße Album" den Titel „Sexy Sadie", um sich nicht der üblen Nachrede schuldig zu machen. Die mehr bodenständigeren Paul und Ringo waren weniger enttäuscht und betrachteten die Zeit in Rishikesh immerhin als wichtige Erfahrung. Für George blieb die östliche Religiosität aber weiterhin die wichtigste Lebensorientierung und auch der dominierende Inhalt seiner weiteren Kompositionen. Sein viel gepriesener Song „Something", den man gemeinhin als wunderbares Liebeslied für seine Frau Pattie ansah, war von ihm eigentlich als Lobgesang für den Gott Krishna gedacht. Darum formulierte er in einer Textzeile auch zunächst „Something in the way **he** moves". Er sah aber bald ein, dass er dies nicht auf einem Beatles-Album singen konnte. Auch wollte er nicht als Schwuler angesehen werden und änderte deshalb die Textstelle in „…**she** moves" um. Nach der Beatles-Trennung verfolgte er die religiöse Ausrichtung seiner Musik noch konsequenter und sein großer Solo-Welterfolg „My Sweet Lord" ist ein unverhülltes Gebet mit der Bitte um Gotteserkenntnis. Im Ausklang wechselt er beim Lobgesang geschickt vom „Halleluja" zum „Hare Krishna", womit seine religiöse Orientierung erneut einem Millionenpublikum offenbart wurde.

Johns spirituelle Bedürfnisse wurden bald nach der Rishikesh-Enttäuschung von Yoko Ono zum Zen-Buddhismus gelenkt. In Japan ist Zen seit Jahrhunderten die kulturprägende Kraft schlechthin und Yoko wurde im Zen-Geist erzogen. Yoko riet John, sich von theistischen Religionen abzuwenden und stattdessen seine eigene angeborene Buddha-Natur zu erkennen. Der Zen-Buddhismus, eine Religion ohne Gott und Dogmen, ohne Himmel und Hölle, verheißt aber eine Erleuchtung zu letzter spiritueller Einsicht durch Kontemplation (meditative Versenkung). Da Zen zudem Wert darauf legt, im jetzigen Augenblick zu leben, und jegliches Theoretisieren ablehnt, kam das Johns alter agnostischer Neigung entgegen. John war außerdem fasziniert von der minimalistischen Zen-Malerei und der wortkargen Haiku-Dichtung. In Anlehnung daran wurden auch Johns neue Kompositionen sparsamer, sie enthielten viele Wiederholungen und vermieden wie Haiku-Gedichte wertende Attribute. Herausragendes Beispiel dafür ist sein Song „I Want You" vom Album „Abbey Road". Der Song besteht nur aus wenigen Worten, aus dem Titel und der zusätzlichen Zeile „I want you so bad", und überließ es den Hörern, die Lücken zu füllen. In dem Maße wie John sich immer enger an Yoko band, wurden die Beatles für ihn immer unwichtiger und waren bald nicht mehr als Bekannte, mit denen er zuweilen arbeitete. Als er Ende der 1960er Jahre allmählich einsah, dass sich der Traum einer Gegenkultur nicht verwirklichen ließ, engagierte er sich mit Unterstützung Yokos immer mehr gegen den Vietnam-Krieg. Mit seiner ad hoc gegründeten ‚Plastic Ono Band', schuf er mit dem Song „Give Peace A Chance" einen höchst erfolgreichen Hit, der zu einer Hymne der Kriegsgegner wurde. Dies machte aber auch seine Abwendung von den Beatles erkennbar. Nach der endgültigen Trennung der Beatles wurde er in den USA ein provokanter politischer Aktivist. Mit „Imagine", einer utopischen Träumerei über Frieden und Gemeinschaft aller Menschen, schuf er schließlich einen Jahrhundert-Song, der für immer mit seinem Namen verbunden sein wird.

Paul McCartney hatte keine große Neigung zur Innenschau und schrieb weniger nachdenkliche, tiefsinnige Songs. Er war solide und verlässlich; kümmerte sich in der Spätzeit, als John und George immer mehr von der Band wegdrifteten, um die geschäftlichen Dinge ihres Unternehmens „Apple", um Öffentlichkeitsarbeit und bemühte sich nach Kräften, die Band zusammenzuhalten. Dies zeigt der Film „Let It Be" sehr deutlich. Er wollte ihren alten Bandgeist wieder beleben. Sein rockiger Song „Get Back" mit seinem stampfenden Rock'n Roll ist ein deutlicher Hinweis darauf, dass er wieder an die alten Zeiten anknüpfen wollte. Aber je mehr er sich ins Zeug legte, umso stärker wurde der Widerstand der Anderen gegen seine Dominanz. Als dann der Streit um „Apple" eskalierte, musste er schließlich einsehen, dass all seine Anstrengungen zum Erhalt seiner Band vergeblich waren. Sein Lied „Let It Be", die vorletzte Single der Beatles, klingt dann auch schon wie ein Abschiedssong. Er entstand aus den bitteren Konflikten um „Apple" und der allmählichen Auflösung der Gruppe. Es ist einer der besten Songs, die Paul je schrieb. Der Song wirkt wie ein trostspendendes Erlösungslied für „broken-hearted people",   womit sich Paul womöglich selbst tröstete. Mit dem Titel „Let It Be" formuliert er dann auch die weise Einsicht, etwas besser geschehen oder gehen zu lassen, was man nicht ändern oder aufhalten kann. In dieser Endphase der Band fand Paul Halt und Geborgenheit bei seiner Frau Linda, mit der er sich eine Weile auf ihre rustikale Farm in Schottland zurückzog. Seine Songs zum letzten Beatles-Album „Abbey Road", das wieder alltägliche Themen thematisiert, lassen eine Sehnsucht nach Heimkehr verspüren und drücken diffus etwas Endgültiges aus.

„In ‚Golden Slumbers', seiner Bearbeitung eines Schlafliedes aus dem siebzehnten Jahrhundert von Thomas Dekker, fügte Paul bewegende Zeilen

hinzu, die davon sprachen, dass es einst einen Weg gegeben hatte, wieder nach Hause zurückzukehren, womit er andeutete, dass es nun zu spät war (Turner 2006, S. 267)."

Betrachtet man das musikalische Gesamtwerk der Beatles, muss man zunächst ihre ungeheure Produktivität und Kreativität anerkennen, die in der Popkultur ohnegleichen ist. Dazu kann man eine erstaunliche musikalische Entwicklung sowie eine große Vielfalt in ihren Songthemen feststellen. In der Gesamtschau und aus der Distanz lassen sich darin bestimmte Botschaften sozialer, politischer und religiöser Art erkennen, die sie mit ihren Songs vermittelten. Nach und nach entwickelten sie eine Philosophie der Freiheit und stellten alte Konventionen sowie die materielle und geistige Welt ihrer Zeit in Frage. Unter dem Einfluss von Drogen rückten religiös-spirituelle Themen zunehmend in den Vordergrund. Wie Schamanen teilten sie nach ihren Drogentrips ihre Erkenntnisse ihren Anhängern in Songbotschaften mit. Sie versuchten, Wege zur Selbsttranszendenz aufzuzeigen und jedem Augenblick des Lebens eine besondere Intensität zu geben. In Abkehr von äußerer Frömmigkeit und dogmatischer Religion forderten sie uns auf, Gott nicht mehr im Himmel, sondern im eigenen Gehirn zu suchen.

Nachdem sich anfangs ihre Songs ausschließlich um die partnerschaftliche Liebe und Zweisamkeit drehte, weitete sich aber bald ihr geistiger Horizont. Und am Ende war ihre Kernbotschaft die universelle Liebe, die sie mit Erkenntnis, Vision und Wegweisung assoziierten und die sie als Schlüssel für die Göttlichkeit in unserem Inneren ansahen. Auf diese zentrale Botschaft deutet auch der letzte Titel auf ihrem letzten Album hin, wo es heißt:

„And in the end, the love you take

Is equal to the love you make."

Diese zwei Zeilen stehen in gewisser Weise für das Vermächtnis der Beatles. Als man Paul einmal aufforderte zusammenzufassen, was den Beatles letztlich am wichtigsten war, bezeichnete er die Liebe als Hauptakzent. Darauf war er besonders stolz. Ähnlich äußerte sich auch Ringo Starr noch dreißig Jahre nach dem Ende der Beatles:

„Die Musik war positiv. Sie war positiv in der Liebe. Sie schrieben – wir alle schrieben – auch über andere Dinge, aber die Kernbotschaft der

Beatles war Liebe (Ringo Starr in: Turner 2006, S. 343). "

ZWEITER TEIL

Fab Songs

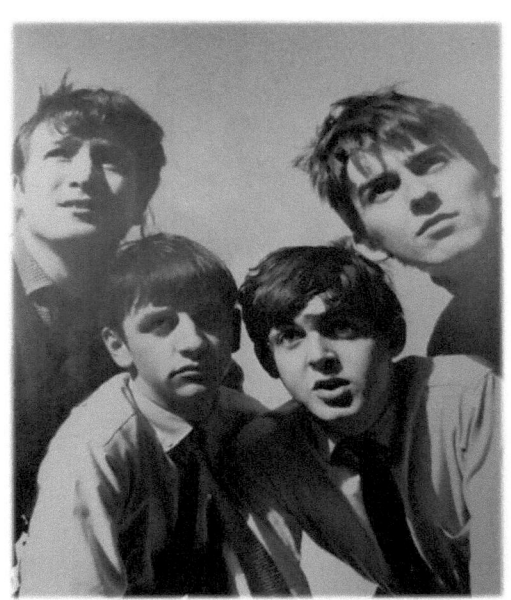

1. <u>Love Me Do</u>

„Love, love me do,

you know I love you

I'll always be true

So please   love me do

oo oh   love me do ..."

Die Aufnahme zu ihrer ersten Schallplatte „Love Me Do", die am 11.9. aufgenommen und am 5. Oktober 1962 veröffentlicht wurde, hatte eine längere, turbulente Vorgeschichte.

In ihrer Anfangsphase hatten sich die Beatles (noch mit Pete Best als Drummer) lange vergeblich um einen Plattenvertrag bemüht. Erst nachdem

Brian Epstein, ein Mann aus dem Plattengeschäft, ihr Manager geworden war, wurden durch ihn diese Bemühungen konkreter. Im Januar 1962 konnten sie zum ersten Mal bei DECCA einige Probeaufnahmen machen. Doch das Ergebnis konnte die Leute von DECCA nicht überzeugen und man lehnte einen Plattenvertrag u.a. mit dem Hinweis ab, die Zeit der Gitarrengruppen sei ohnehin vorbei. Während ihres dritten Hamburg-Engagements gelang es Brian Epstein, Probeaufnahmen beim EMI-Label Parlophone in London zu vereinbaren. Per Telegramm informierte er die Jungs in Hamburg und forderte sie auf, neue Songs zu schreiben. Bei den Probeaufnahmen im Juni bei EMI spielten sie vier Titel ein. Als die Jungs erstmals ihren Produzenten George Martin, einen kultivierten Mann mit hoher Bildung und gepflegter Sprache, kennenlernten, hatten sie vor ihm sehr großen Respekt. Er wirkte auf sie wie ein Schulmeister, doch merkten sie auch, dass er Spaß verstand. George Martin wollte ihnen etwas die Nervosität nehmen und erklärte ihnen alles Wichtige im Aufnahmestudio. In diesem Zusammenhang soll sich eine amüsante Episode ereignet haben, von der George Harrison berichtete:

„Nach den Aufnahmen gingen wir hinauf ins Studio 2. Er erklärte uns alles und fragte: ‚Gibt es etwas, das euch missfällt?‘ Wir traten schweigend von einem Fuß auf den anderen, dann sagte ich: ‚Nun ... Ihre Krawatte gefällt mir nicht.‘ Ihm blieb natürlich erst mal der Mund offen stehen, doch dann lachten wir, und er lachte auch." *(George Harrison in: Anthology 2000, S.70)."*

George Harrison konnte nicht wissen, dass George Martin an diesem Tag gerade eine neue, teure Krawatte trug, die er besonders mochte, was seiner flapsigen Bemerkung eine besondere Note verlieh. Allerdings zeigt die Geschichte, dass ihr Produzent es doch gut verstand, mit ihrem Liverpooler Humor umzugehen.

Musikalisch hielt George Martin musikalisch nicht viel von den Beatles; er war aber von ihrem Sound und Charisma beeindruckt. Erst Ende Juli ließ er sie schließlich in London den erhofften Plattenvertrag unterschreiben, forderte aber einen anderen Drummer, da ihr bisheriger Drummer offenkundig den Takt nicht korrekt halten konnte. John, Paul und George wollten das zunächst nicht akzeptieren. Obwohl sie wussten, dass Pete kein besonders guter Schlagzeuger war, war er für sie bisher gut genug gewesen. Aber sie mussten eine für ihre berufliche Zukunft wichtige Entscheidung treffen und ließen schließlich – schweren Herzens - Pete Best fallen. Das machte ihnen lange Zeit ein schlechtes Gewissen. Doch hatten sie nicht den Mumm, es Pete persönlich mitzuteilen, und überließen dies Brian Epstein. Dieser teilte Pete seine Ausbootung erst zwei Wochen später in einem privaten Gespräch beiläufig mit. Pete Best war davon natürlich nicht begeistert, trug es aber mit Fassung. Jedoch machten die Liverpooler Fans, bei denen Pete sehr beliebt war, ihrem Ärger bei ihren Auftritten im Cavern-Club wiederholt Luft.

In der Liverpooler Bandszene galt Ringo Starr als einer der besten Drummer. Er spielte damals bei „Rory Storm and the Hurricanes" und hatte in Hamburg schon wiederholt mit den Beatles gespielt. Sie wollten nun Ringo als neuen Drummer haben. Einen Tag bevor sie am 11. September 1962 zu Plattenaufnahmen nach London kommen sollten, riefen sie bei Ringo an und forderten ihn auf, bei ihnen mitzumachen. Ringo musste sich spontan entscheiden und ging auch auf ihren Vorschlag ein, obwohl er dadurch seine alte Band im Stich lassen musste. Ihr Produzent George Martin wusste zwar, dass sie mit einem neuen Drummer erscheinen würden, doch wollte er nun kein Risiko eingehen. Deshalb hatte er den Studiomusiker Andy White als Schlagzeuger für die Aufnahmen rekrutiert. Als Ringo dann hoffnungsfroh zur Aufnahmesession erschien und erleben musste, dass ein Profi-Drummer bei den Aufnahmen spielen sollte, war er völlig frustriert und niedergeschlagen. Diese Demütigung hat Ringo George Martin nie verziehen, obwohl dieser sich später oft bei ihm entschuldigt hat. Bei der Aufnahme für die erste Single „Love Me Do" spielte also Andy White, für das spätere erste Album wurde jedoch eine Aufnahme ausgewählt, bei der Ringo spielte. Es existiert sogar noch eine dritte Version mit Pete Best als Drummer, die bei den Probeaufnahmen vom 4. September 1962 gemacht und die auf der „Beatles Anthology I" veröffentlicht wurde (vgl. Bardola 2020, S. 138).

Aber bevor die Beatles mit ihrer Eigenkomposition „Love Me Do" ihre Debut-Single herausbringen konnten, galt es noch einen Grundsatzkonflikt mit George Martin zu lösen. George Martin hatte für ihre erste geplante Single den Song eines professionellen Komponisten vorgesehen, den er für erfolgversprechend hielt. Es handelte sich um den Titel „How Do You Do It", den die Beatles ziemlich lustlos einspielten, denn sie wollten lieber einen eigenen Song aufnehmen. Auf ihre

Unzufriedenheit antwortete George Martin mit der bissigen Bemerkung: „Wenn ihr Songs schreibt, die so gut sind wie dieser, dann nehme ich sie auf." Aber zu dieser Zeit war es noch ein weiter Weg bis zur Debut-Single. Es wirft ein bezeichnendes Licht auf die Beatles, die damals gerade mal 20 Jahre alt und in der deutlich schwächeren Verhandlungsposition waren, dass es ihnen schließlich doch gelang, George Martin zu überreden, ihren Song „Love Me Do" für ihre erste Single aufzunehmen.

Der Text des Songs ist allerdings nicht sonderlich beeindruckend. Er kommt mit relativ wenigen Aussagen aus. Diese lauten: Liebe, liebe mich, du weißt, ich liebe dich. Ich werde immer ehrlich sein. Darum liebe mich bitte. Jemanden zu lieben, jemand Neues wie dich. Liebe, liebe mich, du weißt, ich liebe dich.

Darin erschöpft sich auch schon der Textinhalt. Aber Song wirkt dennoch durch seinen eingängigen Beat und das markante Mundharmonika-Riff von John. Nachdem die Beatles berühmt geworden waren, wurde dieser Titel dann auch immer populärer. Als der Song dann nach seiner Veröffentlichung im Radio gespielt wurde und innerhalb von zwei Tagen in die englischen Charts kam, waren die Jungs regelrecht euphorisiert. „Love Me Do" erreichte immerhin Platz 17 in den nationalen Charts. Das war noch nicht der große Durchbruch, aber sie verbuchten es als großen Erfolg für sich. Vielleicht wäre ihre Begeisterung nicht so groß gewesen, wenn sie gewusst hätten, dass von den ca. 100.000 verkauften Exemplaren ihr Manager Brian Epstein allein 10.000 Stück für seinen Plattenladen NEMS geordert und damit ihren Charts-Erfolg maßgeblich gefördert hatte. Immerhin konnte er diese auch in recht kurzer Zeit in Liverpool verkaufen.

George Martin wollte diesem Anfangserfolg möglichst bald eine neue Single folgen lassen und brachte dafür wieder den Titel „How Do You Do It" ins Gespräch, was die Beatles aber erneut ablehnten. Darauf bot man den Song einer anderen in Liverpool beliebten Band, „Gerry and the Pacemakers", für eine Plattenaufnahme an. Diese Band wurde auch von Brian Epstein gemanagt und hatte durch ihn auch einen Plattenvertrag bei George Martin erhalten. Es spricht für den Spürsinn von George Martin, dass „Gerry and the Pacemakers" mit diesem Song auf Anhieb einen Nummer-eins-Hit landeten. Mit diesem Erfolg im Rücken ließ es sich Gerry Marsden nicht nehmen, seinem Freund John Lennon von den Beatles eine

„lange Nase zu drehen". Etwas später erreichten dann auch die Beatles mit ihrer zweiten Single „Please, Please Me" den Durchbruch; mit ihr belegten sie in kurzer Zeit ebenfalls Platz eins in den englischen Charts, was ihnen dann fast mit allen weiteren Singles gelingen sollte. Damit sich beiden Bands aber in den Charts nicht gegenseitig zu viel Konkurrenz machten, sorgte Brian Epstein dafür, dass sie ihre jeweiligen Neuerscheinungen nicht gleichzeitig, sondern zeitversetzt veröffentlichten. Auf diese Weise gelang es „Gerry and the Pacemakers" noch vor den Beatles, drei Nummer-eins-Titel in Folge in die Charts zu bringen. Den Beatles gelang dies dann kurz danach; sie bauten diesen Erfolg aber dann noch durch viele folgende Nummer-eins-Titel, welche ohne Unterbrechung die Spitze der Charts erklommen, aus.

2. I Saw Her Standing There

„Well, she was just seventeen

You know what I mean

And the way she looked

was way beyond compare.

So how could I dance with another,

when I saw her standing there ....“

„I Saw Her Standing There" zählt zu den ganz frühen Songs der Beatles. Es ist ein sehr rockiger Titel, der in den frühen Beatlemania-Jahren fast immer Bestandteil ihres Repertoires bei Konzerten war. Er wurde am 11.2.1963 aufgenommen und erschien erstmals am 22.3.1963 auf der LP „Please

Please Me". Der Song ist hauptsächlich ein Werk von Paul McCartney; er zeigt aber beispielhaft, wie Paul und John damals zusammenarbeiteten.

Paul begann mit der Arbeit an diesem Song in seinem elterlichen Wohnzimmer in der Forthlin Road. Er hatte dort schon die erste Strophe fertiggestellt und schon konkrete Vorstellungen zu Melodie, Tempo und Tonart. Der Arbeitstitel lautete „Seventeen". In Pauls Schulheft, worin er den ersten Entwurf geschrieben hatte, schrieb er für den Strophenbeginn „She was just seventeen, she'd never been a beauty queen". Als er mit John weiter an seinem Entwurf arbeitete, empfand dieser das aber als miserablen Reim, da jeder sofort merkte, dass ‚beauty queen' nur des Reims wegen eingefügt wurde. Zudem würde diese Zeile das Bild eines jungen reizvollen Mädchens gleich wieder neutralisieren. Schließlich könnte dieser Reim auch negativ verstanden werden, denn die Aussage, dass ein Mädchen keine Schönheitskönigin sei, war meist eine höfliche Umschreibung dafür, dass sie hässlich war. John hatte offenbar sofort ein Gespür für die Schwächen des Reims. Also suchten sie etwas Neues, was sich auf „seventeen" reimt. Schließlich schlug John „You know what I mean" als alternativen Reim vor. Das war eine geniale Lösung. Was auf den ersten Blick als dürftige Füllzeile wirkte, bot jedoch eine Vielzahl an Deutungsmöglichkeiten und lenkte das Interesse weiter auf das siebzehnjährige Mädchen. Während Paul offensichtlich versuchte, sich auf Popklischees zu verlassen und in traditioneller Weise einen sinnbezogenen Reim herzustellen, dachte John unkonventioneller, offener und chaotischer. Sein Vorschlag zeigt seine Neigung, zu untergraben und Doppeldeutigkeiten zu verwenden, wodurch dieser Song eine besondere Note erhielt. Nachdem sie diese Klippe überwunden hatten, wurden sie noch am gleichen Tag mit dem Song fertig. Für die Basslinie des Songs ‚klaute' Paul die von Chuck Berrys Song "I'm Talking About You" mit exakt den gleichen Noten, die für ihn genau zu seinem Song passten (vgl. Miles 1998, S. 121). George Harrsison trug seinerseits zu „I Saw Her Standing There" noch ein rockiges, für die damalige Zeit anspruchsvolles Gitarrensolo hinzu, so dass damit neuer mitreißender Song entstanden war.

Der Text unterscheidet sich nicht sonderlich von den damals üblichen Rock- und Poptiteln. Er erzählt folgende fiktive Geschichte:

Sie war gerade siebzehn, du weißt, was ich meine. Und die Art, wie sie schaute, war ohnegleichen.

Wie konnte ich mit einer Anderen tanzen, als ich sie dort stehen sah. Sie sah mich an und ich konnte sehen, dass ich mich bald in sie verlieben würde. Mein Herz schlug schnell, als ich den Raum durchquerte und ich hielt ihre Hand in meiner. Wir tanzten die ganze Nacht hindurch und wir hielten uns gegenseitig fest und bald verliebte ich mich in sie. Nun werde ich nie mehr mit einer anderen tanzen, nachdem ich sie dort stehen sah.

Auf den ersten Eindruck wirkt der Song ziemlich schlicht und oberflächlich, ohne nennenswerten Tiefgang. Dennoch drückt er sehr gut die existenzialistische Lebensauffassung aus, die Paul und die anderen Beatles in jenen jungen Jahren vertraten. In den frühen 1960er Jahren war es noch üblich, den Mädchen den Hof zu machen. Mädchen, die gleich bei der ersten oder zweiten Verabredung bis zum ‚Äußersten' gingen, galten als ‚Schlampen' und würden keine guten Ehefrauen und Mütter abgeben. Doch das Hofmachen für eine längere Zeit erforderte Geduld, Selbstbeherrschung und ein Hinausschieben der Befriedigung sexueller Triebe. Das passte aber alles nicht zur damaligen Haltung der Beatles, für den Moment zu leben. So gibt es im Text von „I Saw Her Standing There" auch kein langes Vorgeplänkel.

„Er sieht sie, sie sieht ihn, und der nächste Schritt ist, dass sie ‚through the night' tanzen, was in den Songs der Beatles, ebenso wie ‚holding each other tight', meist ein Euphemismus für Sex ist. Für Paul gab es nur selten eine Verzögerung zwischen Sehen und Nehmen. ... Er bekam keine Ohrfeigen von widerspenstigen Mädchen. In diesem Song muss er nur einen Raum durchqueren, damit all seine Träume wahr werden (Turner 1998, S. 135)."

Neun Monate, bevor Paul diesen Song schrieb, war in England die Antibabypille auf Rezept erhältlich. Dadurch fiel eine der letzten Schranken für sexuelle Promiskuität ohne Schuldgefühle. Damit schwand auch die Angst, Mädchen in ernste Schwierigkeiten zu bringen.

„Die Pille war eine sehr praktische Sache. Plötzlich waren Frauen bereit, mit einem Kerl zu schlafen, ohne ein Risiko einer Schwangerschaft. Jetzt konnten wir alle unseren Spaß haben (Paul McCartney in: Turner 1998, S. 135)."

Der Autor Tony Brambell, eine langjähriger Freund von George Harrison, stellt in seinem Buch „Magical Mystery Tours" sogar die Behauptung auf, die bereitwillige Akzeptanz der Pille sei damals auch durch die Geisteshaltung, für die die Beatles eintraten, befördert worden (vgl. ebda. S. 135).

3. <u>She Loves You</u>

„She loves you yeah, yeah, yeah,

She loves you yeah, yeah, yeah,

She loves you yeah, yeah, yeah, yeaaah.

You think you've lost her love,

When I saw her yesterday,

It's you she's thinking of,

And she told me what to say.

She says she loves you ..."

„She Loves You", die vierte Single der Beatles, gehört zu ihren größten Hits und war der Song, der ihnen endgültig den Durchbruch zu nationalem Erfolg und Ruhm verschaffte. Er wurde am 1.7.1963 aufgenommen und erschien als Single am 23.8.1963.

Als die Beatles am 26.6.1963 in der Gegend von Newcastle im Bus unterwegs waren, hatte Paul die Idee eines Songs im Kopf, bei dem einige von ihnen „She loves you" singen und die anderen „Yeah, yeah" antworten sollten. Das kam ihnen aber etwas plump und banal vor. Als sie im dortigen Hotel ankamen, hatten sie vor ihrem Konzert noch ein paar Stunden Zeit. John und Paul saßen sich im Hotelzimmer gegenüber und beschlossen, eine zu rauchen und weiter an dem neuen Song zu arbeiten. Sie saßen einander gegenüber auf ihren Hotelbetten und Paul dachte an den Song von Bobby Rydell „Forget Him", der für ihn deshalb bemerkenswert war, weil in diesem Liebessong eine Botschaft durch einen Dritten überbracht wurde. Das brachte sie auf die Idee, die bisherige Ebene ihrer bisherigen Songs, die durch Ich-Du-Personalpronomen gekennzeichnet waren, zu verlassen und eine dritte Person ins Spiel zu bringen. So gaben sie in ihrem Song „She Loves You" die Rolle der Protagonisten auf. Sie fanden es interessant, auf diese Weise ein wenig Distanziertheit zu schaffen. John äußerte später in einem Interview, dass sie den Song zwar zusammen schrieben, dass aber Paul Idee hatte, statt des üblichen „I Love You" dieses Mal „She loves You" zu nehmen. Am nächsten Tag, als sie frei hatten, fuhr John zu Pauls Elternhaus in der Forthlin Road. Dort tüftelten sie weiter an diesem Song, während Pauls Vater rauchend vor dem Fernsehgerät saß. Nachdem sie den Songentwurf bis in Details fertig hatten, gingen sie ins Wohnzimmer und spielten ihn Pauls Vater vor. Über dessen Reaktion erinnerte sich Paul so:

„ ... und er sagte: 'Das ist ja sehr hübsch, Junge, aber es gibt doch schon genug von diesen Amerikanismen. Könntet ihr nicht singen: ‚She loves you. Yes! Yes! Yes!?‘ An diesem Punkt brachen wir zusammen und sagten: „Nein Paps, du hast es nicht kapiert (Paul McCartney in: Miles 1998, S. 184). "

Und John äußerte sich über diesen Punkt so:

„Hat man jemals einen Sänger aus Liverpool ‚Yes‘ singen hören? Es heißt ‚Yeah‘! Das war der Catcher. Wir hatten den Song geschrieben und brauchten noch etwas dazu. Da kam das ‚yeah, yeah, yeah‘ genau richtig, das haute hin (John Lennon in: Anthology 2000, S. 96). "

Später spielten sie ihren Songentwurf George Martin vor und sangen „She loves you yeah, yeah, yeah, yeeeeaah" im Dreiklang mit hinzugefügter Sexte am Schluss. George Martin fand den ungewöhnlichen Schlussakkord zu jazzig und etwas kitschig. Er meinte, er würde nie am Schluss einen Sextakkord setzen. Dem Tontechniker der EMI Norman Smith ging der Anfang des Songs mit dem dreifachen „She loves you yeah, yeah yeah" zu weit. Doch die Jungs setzten sich jedoch über seine Einwände hinweg, da sie das für einen tollen Sound hielten und es so machen wollten. Der Erfolg gab den Beatles Recht; der Song wurde ihr bis dahin größter Hit. Kennzeichnende Elemente des Songs waren der Trommelwirbel am Anfang, eine treibende Melodie, die langgezogenen ‚Ooohs', eingängige Wiederholungen des Refrains sowie der mitreißende Rhythmus; sie trafen genau die Erwartungshaltung ihrer jungen Fans.

Der Text erzählt, wie ein Außenstehender seinem Freund Ratschläge gibt, wie dieser seine aktuellen Probleme mit seinem Mädchen überwinden kann. Im Einzelnen heißt es im Song:

Sie liebt dich, ja, ja, ja. Sie liebt dich ja, ja, ja, ja-- aa. Du denkst, dass du deine Liebe verloren hast.

Nun, ich sah sie gestern und du bist es, an den sie denkt. Und sie sagte mir, was ich Dir sagen soll. Sie sagt, sie liebt dich, und du weißt, dass das nicht schlecht sein kann. Ja sie liebt dich und du weißt, du solltest froh sein. Sie sagt, du hättest sie so verletzt, dass sie fast den Verstand verlor. Und nun sagt sie, sie weiß, dass du nicht der verletzende Typ bist. Sie sagt, sie liebt dich und du weißt, das kann nicht schlecht sein. Ja, sie liebt dich und du weißt, du solltest froh sein. Sie liebt dich ja, ja, ja. Sie liebt dich ja, ja, ja und mit einer solchen Liebe, weißt du, solltest du froh sein. Du weißt, es liegt an dir. Ich denke, es ist nur fair. Stolz kann auch dich verletzen. Entschuldige dich bei ihr, weil sie dich liebt. Und du weißt, das kann nicht schlecht sein. Ja, sie liebt dich, und du weißt, du solltest froh sein. Sie liebt dich ja, ja, ja. Sie liebt dich ja, ja, ja. Und mit einer solchen Liebe solltest du froh sein. Mit einer solchen Liebe solltest du froh sein. Und mit einer solchen Liebe solltest du froh sein. Ja, ja, ja. Ja, ja, ja, ja!

Die Fans waren bezüglich der erwarteten neuen Single sehr optimistisch. Schon vor Erscheinen von „She Loves You" gab es eine Viertelmillion Vorbestellungen der Platte. Der Song stürmte schnell an die Spitze der britischen Charts und wurde sogar zweimal die Nummer eins: einmal am 12.9.1963 für vier Wochen und dann noch einmal am 28.11. 1963 für zwei Wochen. Damit erzielten sie mit drei Platten hintereinander den ersten Platz der Charts, wodurch sie zu den ganz Großen der Musikbranche zählten. Es wurde die erste Platte der Beatles, wofür sie mit einer „Goldenen Schallplatte" ausgezeichnet wurden. Bis 1977 wurden in Großbritannien wurden 1,7 Millionen Exemplare verkauft. Damit war sie für lange Zeit die erfolgreichste Platte überhaupt. Dann wurde sie von Paul McCartney und den Wings mit „Mull Of Kintyre übertroffen. Am 2.12.1991 wurde der Song ausgezeichnet, weil er eine Million Mal im Rundfunk gesendet wurde.

Das für den Song typische „Yeah, yeah, Yeah" wurde zum Markenzeichen der Beatles in den frühen Beatlemania-Jahren, so wie es ihre

Pilzkopffrisuren waren. Durch den riesigen Erfolg des Songs erklärt sich auch die große Zahl von Coverversionen von kaum zu zählenden Künstlern. Zu denen zählen z.B. Count Basie, Chet Atkins, Bobby Vee, Brenda Lee, die Bee Gees oder das Orchester Bert Kaempfert.

4. I Want To Hold Your Hand

„Oh yeh, I'll tell you something,

I think you'll understand,

Then I'll say that something

I wanna hold your hand,

I wanna hold your hand,

I wanna hold your hand ..."

„I Want To Hold Your Hand" war für die Beatles der ‚Türöffner' für den Zugang zum großen amerikanischen Musikmarkt. Mit ihrem riesigen Erfolg dort ebneten sie sich auch den Weg zum weltweiten Erfolg. Der Song ist eine typische Gemeinschaftsproduktion der frühen Jahre von

John Lennon und Paul McCartney. Er wurde am 17.10.1963 aufgenommen und erschien erstmals am 29.11.1963 auf Single.

„I Want To Hold Your Hand" entstand im Haus der Familie Asher, bei der Paul in jener Zeit unter'm Dach wohnte. Frau Asher war Musiklehrerin und hatte im Keller einen abgeschiedenen Musikraum. Dort trafen sich John und Paul oft, um Songs zu schreiben.

„Wir schrieben echt eine Menge Zeug zusammen, saßen einander gegenüber, Auge in Auge. Wie in ‚I Want To Hold Your Hand', ich erinnere mich, wie wir den Akkord fanden, der den Song ausmacht. Wir waren in Jane Ashers Haus, im Keller, und spielten gleichzeitig auf dem Klavier. Und wir hatten ‚oh, you-u-u ... got that something ...' Und Paul schlägt diesen Akkord an, und ich dreh mich zu ihm um und sage: 'Das ist es! Mach das noch mal!' In diesen Tagen schrieben wir praktisch nur so – der eine spielte es dem anderen direkt ins Ohr (John Lennon in: Miles 1998, S. 135f)."

Der Songtext insgesamt bietet nicht viel an konkretem Inhalt, dafür umso mehr Andeutungen mit den für die Beatles typischen Ich-Du-

Botschaften. Die wörtliche Übersetzung lautet ohne die zahlreichen Wiederholungen so:

Oh ja, ich erzähle dir etwas. Ich denke, du wirst verstehen. Dann werde ich dieses Etwas sagen: Ich will deine Hand halten. Oh bitte, sag' zu mir, Du wirst mich dein Mann sein lassen. Und bitte, sage zu mir: Du lässt mich deine Hand halten. Nun lass' mich deine Hand halten, ich will deine Hand halten. Und wenn ich dich berühre, fühle ich mich so glücklich im Innern. Es ist solch ein Gefühl, das ich – meine Liebe – nicht verstecken kann. Ja, Du hast dieses Etwas, ich denke du verstehst. Wenn ich dieses Etwas fühle, will ich deine Hand halten.

Der Song wurde erstmals mit einer Vier-Spur-Technik aufgenommen. Schon vor Erscheinen gab es eine Million Vorbestellungen. So etwas hatte es noch nie zuvor gegeben, und das unterstreicht die ungeheure Popularität, die die Beatles damals schon in England genossen. Im Dezember 1963 wurde „I Want To Hold Your Hand" Nummer eins in den britischen Charts und behielt diese Position für fünf Wochen.

Zu Beginn des Jahres hatten die Beatles ein mehrwöchiges Engagement für Auftritte im Pariser ‚Olympia'. Zu dieser Zeit kümmerte sich ihr

Produzent George Martin vor Ort um die Vorbereitungen für deutsche Versionen der beiden Platten „She Loves You" und „I Want To Hold Your Hand". Der Boss der deutschen Plattenfirma hatte ihm zu verstehen gegeben, dass sie in Deutschland kaum Platten verkaufen würden, wenn es keine deutschen Versionen gäbe. Die Beatles hielten dieses Argument zwar für unsinnig, waren aber auf George Martins Drängen hin schließlich damit einverstanden. Die deutsche Plattenfirma schickte dann auch einen Nachhilfelehrer namens Otto Demmler für die Beatles, der sich dann auch um eine angemessene Übersetzung kümmerte. Als dann der verabredete Studiotermin für die deutschen Aufnahmen gekommen war, erschienen die Beatles aber nicht. Sie hatten ihren Produzenten versetzt. George Martin rief in ihrem Hotel an, worauf die Beatles ihm von Neil Aspinall ausrichten ließen, dass sie nicht kämen. Wütend machte sich George Martin mit Otto Demmler auf den Weg zum Hotel, wo sie die Beatles beim gemeinsamen Tee antrafen.

„Ich kam kaum zur Tür herein, da stoben sie davon, versteckten sich hinter Sofas und Stühlen, einer zog sich sogar den Lampenschirm über den Kopf. Dann klang es im Chor hinter Sofas und Stühlen hervor: ‚Sorry George, sorry George,

sorry George." Ich musste lachen und sagte: 'Ihr seid vielleicht Idioten. Entschuldigt euch wenigstens bei Otto'. Und sie: ,Sorry Otto, sorry Otto.' Schließlich kamen sie doch mit ins Studio und machten sich an die Arbeit. Zwei Songs wurden auf Deutsch aufgenommen, die beiden einzigen überhaupt, die sie je in einer Fremdsprache gemacht haben. War wirklich völlig unnötig. Denn sie würden Recht behalten – natürlich verkauften sich ihre Platten auf Englisch (George Martin in: Anthology 2000, S. 112)."

George Martin hatte alle bisherigen Hitsingles der Beatles wie „Please Please Me", „From Me To You" oder „She Loves You" an ‚Capitol Records' in den USA geschickt. Mit dem Hinweis auf ihren riesigen Erfolg in Europa bat er darum, diese Platten auch in den USA zu lancieren. Doch die Capitol-Geschäftsleitung lehnte jedes Mal ab, weil sie die Beatles als Gruppe nicht gut fanden und diese Musik nichts für den amerikanischen Markt sei. So erhielten nur zwei kleinere US-Labels die Platten der Beatles und der erhoffte Erfolg blieb aus. Paul McCartney hatte immer betont, nicht eher in den USA aufzutreten, bis sie dort einen Nummer-eins-Titel hätten. Es gab zu viele Beispiele englischer Künstler, die dort gescheitert waren und dadurch einen gravierenden

Karriereknick erleben mussten. Allerdings konnte Brian Epstein schon im November 1963 mit ‚Capitol Records' vereinbaren, die nächsten Beatles-Platten auch auf den US-Markt zu bringen und einen vorbereitenden Werbefeldzug zu starten. Zusätzlich vorbereitet durch Artikel in den US-Zeitschriften „Time" und „Newsweek" wurde die Nachfrage bei Discjockeys geweckt. Als dann „I Want To Hold Your Hand" erschien, wurde der Titel auch häufig gefordert und gespielt. Durch seinen besonderen Sound elektrisierte er regelrecht die Rock- und Popfreunde und wurde schließlich auch die Nummer eins in den US-Charts. Brian Epstein informierte die Jungs, die gerade in Paris waren, von dieser sensationellen Nachricht per Telegramm. Als die Jungs in ihrem Pariser Hotel die Nachricht erhielten, flippten sie regelrecht aus und lieferten sich vor lauter Ausgelassenheit eine spontane Kissenschlacht. Damit stand jetzt der von Brian Epstein geplanten USA-Tour nichts mehr im Weg und die Beatles konnten sich aufmachen, in den USA den wichtigsten Markt der Musikwelt zu erobern. Noch bevor die Beatles am 7. Februar in die USA flogen, hatte „I Want To Hold Your Hand" für sieben Wochen die Spitze in den US-Charts behauptet und war schon mit einer goldenen Schallplatte ausgezeichnet worden.

„Eines Tages fuhr ich mit meiner Mutter im Wagen zum Supermarkt. (...) Das Autoradio spielte „I Want To Hold Your Hand". Da hörte ich die Beatles zum ersten Mal. Mir verschlug es den Atem. Was für eine seltsame Musik! Es warf mich einfach um. Keine Melodie hatte mich jemals so gepackt (Sandy Stewart, damals 15 Jahre in: Davies 1968, S. 166)."

Die Platte verkaufte sich in Großbritannien 1,5 Millionen und weltweit 15 Millionen Mal, wodurch es für lange Zeit die meistverkaufte Beatles-Platte war. In den USA, die damals in Konventionen erstarrt waren und noch immer unter den Nachwirkungen des Kennedy-Mordes litten, wirkte der Song in gewisser Weise befreiend. Obwohl „I Want To Hold Your Hand" nur ein Rocksong war, wenn auch ein guter und erfolgreicher, so hatte er in den USA darüber hinaus eine ungeheure gesellschaftliche Bedeutung. Der Musikkritiker Dave Marsh schrieb zwei Jahre später in der Rock-Monatszeitschrift ‚Creem‘, dass alles was vor den Beatles war, eher undeutlich und unwichtig gewesen sei.

„I Want To Hold Your Hand" mag nicht besonders bedeutend erscheinen, aber für Leute in meinem Alter ist das eine Grenzlinie zwischen der

Geschichte und dem Leben, das wir kennen (Dave Marsh in: Turner 2006, S. 16). "

„Es war für uns etwas völlig Neuartiges, ein Song, der die Leute bewegte, ein Song, der ihr Leben veränderte. Es war ein Gefühl von Glück und Befreiung, das damals geradezu greifbar in der Luft lag (Perry Farrell in: Bratfisch 2002, S. 255). "

5. <u>Help</u>

„Help, I need somebody.

Help, not just anybody.

Help, you know I need someone. Help!

When I was younger,

so much younger than today ..."

Dieser Titelsong der gleichnamigen LP und des zweiten Spielfilms der Beatles wurde hauptsächlich von John Lennon geschrieben und bietet in seiner Hauptaussage einen echten biografischen Hinweis auf Johns Innenleben zu jener Zeit. Er wurde am 13.4.1965 aufgenommen und erschien erstmals am 23.7.1965, die gleichnamige LP am 6.8.1965.

Die Songs für ihren zweiten Film hatten die Beatles schon vor dem Drehbuch fertig. Von diesen wählte Regisseur Richard Lester sechs aus, die er meinte, am besten filmisch in Szene setzen zu können. Da die Beatles mit dem Drehbuch überhaupt nicht zufrieden waren, standen sie auch nur halbherzig hinter dem ganzen Filmprojekt. Mit klischeehaften Figuren, ohne echte Dialoge und einer Portion Klamauk wurde es ein oberflächlicher Film, der ohne jeden Bezug zum realen Leben der Beatles war. Sie mochten weder die Story des Films noch das Drehbuch. Und so war es auch kein Wunder, dass sie nur wenig Enthusiasmus bei der Dreharbeit zeigten. Sie hatten wenig Lust, ihre Texte zu lernen, und zuweilen musste man ihnen vor dem jeweiligen Dreh Zeile für Zeile ihres Textes vorlesen. Das mag auch daran gelegen haben, dass sie die meiste Zeit der Dreharbeiten unter Drogen standen, 'stoned' waren. Jedenfalls müssen die Dreharbeiten dem Regisseur Lester einiges an Geduld abverlangt haben. Den fertigen Film qualifizierte John schließlich als ‚Mist‘, während Paul sich später etwas beschönigend so darüber äußerte:

„Help hat uns Spaß gemacht, aber es war nicht unser Film. Wir waren da nur so als Gäste

76

vertreten. Ja, es war Spaß, aber als Filmidee war's im Grunde nicht ganz das Richtige für uns (Paul McCartney in: Aldridge 1998, S. 76)."

Trotz seines kritikwürdigen Konzept gewann der Film im September auf dem ‚Rio De Janeiro Film Festival' den ersten Preis (vgl. Hill 2015, S. 191), was wohl nur durch die globale Popularität der Beatles in jener Zeit zu erklären ist. Der Film mochte seine Defizite haben, aber er wurde weltweit ein Erfolg. Noch erfolgreicher war jedoch der Soundtrack; er wurde erwartungsgemäß wieder ein riesiger Erfolg. Die LP „Help" wurde bereits vor Erscheinen über 360.000 mal bestellt und sprang nach Veröffentlichung in Großbritannien als erstes Album in der 7-jährigen Geschichte der Album-Charts direkt auf Platz eins und behauptete für neun Wochen diese Spitzenposition.

Der Film hatte anfangs den Arbeitstitel „Eight Arms to Hold You", den John und Paul aber scheußlich fanden. Das hatte auch mit der Schwierigkeit zu tun, einen Titelsong mit diesen Wörtern zu schreiben, denn einen Titelsong gab es lange nicht.

Für die Suche nach einem Titelsong hatten sich John und Paul u.a. mit Brian Epstein und

Regisseur Lester zusammengesetzt. Lange fiel ihnen nichts Passendes ein, bis schließlich jemand „Help" vorgeschlagen hatte, wahrscheinlich war es Regisseur Lester. Zuhause dachte John darüber nach und hatte bald eine Grundidee, aber noch kaum etwas Konkretes. Als Paul ihn dann besuchte, um dafür eine Schreibsession mit ihm zu machen, lag von John noch nicht viel vor. Zusammen machten sie den Song dann bei einer Schreibsession fertig. Mit dem Ergebnis waren sie schließlich sehr zufrieden und gingen dann mit ihren Gitarren ins Wohnzimmer, wo sie ihn Johns Frau Cynthia und der Journalistin Maureen Cleave vorspielten.

„Wenn man John einfach mit sich allein gelassen hätte, hätte es Wochen dauern können, bis er fertig gewesen wäre, aber nur ein Besuch war nötig, und wir kriegten ihn fertig. Also gingen wir runter und spielten das Intro, die Strophe, die Oberstimme kam in der zweiten Strophe. Es war alles getan, alles war da, die letzten Strophen und das Ende. ‚Ganz toll', sagten sie. ‚Gefällt uns' (Paul McCartney in Miles, 1998, S. 240)."

Erst nachdem der Titel „Help" geschrieben und als Platte aufgenommen worden war, verstand John allmählich, dass sein Text eine Menge mit ihm selbst und seinem Innenleben zu tun hatte und dass er beim Schreiben des Titelsongs unbewusst einen eigenen Hilferuf verfasst hatte. Seine Bandkameraden erfuhren auch erst später von John davon. Sie nahmen ihm dieses Bekenntnis aber ab, da sie ihn schon lange als etwas schwierigen Charakter kannten, der wirklich selten sein inneres Gefühlsleben offenbarte. Hintergrund war wohl ein nie wirklich verarbeitetes und überwundenes Trauma seiner Kindheit. Dieses resultierte aus der frühen Erfahrung, dass beide Eltern ihn nicht wollten, als sie sich trennten und dem tragischen, von einem betrunkenen Polizisten verursachten Autounfall, wodurch seine Mutter getötet wurde. Das erklärt auch seine frühe Aggressivität und seinen zuweilen verletzenden Zynismus. Paul äußerte sich über Johns schwierigen Charakter einmal so:

Das Problem mit John war seine Verschlossenheit. Man sah nie ihn selbst. Man konnte höchstens durch ein paar Ritzen seines Panzers spähen, so undurchdringlich, so undurchdringlich war dieser Panzer. Nach außen war John immer ‚tough, tough, tough'. Leider mussten die Leute wohl einen falschen Eindruck von John bekommen. Ich denke, John war ein wirklich netter Karl – aber das verbarg er. Er traute sich nicht, seine sympathische Seite zu zeigen. Er war immer nur Rock'n Roll ... außer man erwischte ihn im richtigen Moment (Paul McCartney in: Anthology 2000, S. 173)."

Schon vor den Filmaufnahmen zu ‚Help' und der Arbeit am Titelsong hatten sich für John noch einige andere Probleme aufsummiert. Er war etwas pummelig geworden war, haderte mit seiner starken Kurzsichtigkeit, da er meinte als cooler Beatle öffentlich nicht mit dicker Brille erscheinen zu können, und war auch in jener Zeit mit seiner Rolle als Ehemann und Vater zunehmend unzufrieden. Außerdem litt John sehr darunter, dass Brian Epstein ihnen ihre rauen Kanten abgeschliffen und ihnen ein glattes, kommerztaugliches Image verpasst hatte. Dadurch meinte er oft, für den Ruhm sein wahres Ich verraten zu haben bzw. zu müssen. Vor diesem Hintergrund ist es durchaus plausibel, dass er sich auch persönlich die unbekümmerte Vergangenheit zurückwünschte, von der im Song „Help" die Rede ist. Als John viele Jahre später gefragt wurde, warum er „Help" zu seinen besten Songs zählte, bestätigte er diese Sichtweise:

„Weil es authentisch war. Dieser Hilferuf war wirklich ernst gemeint. Der Text ist heute noch so

gut wie damals. Ich finde es beruhigend zu wissen, dass ich mich damals schon so gut kannte. Dieses „Help" kam aus dem tiefsten Herzen. Die Version auf der Platte gefällt mir nicht so besonders, wir haben den Song zu hastig aufgenommen, um einen Hit rauszubringen (John Lennon in: Rolling Stone 12/2012, S. 34)."

In einem anderen Interview gestand John sogar, dass es ihm damals ziemlich nahe ging, diesen Text zu singen (vgl. Anthology 2000, S.173).

Der Textinhalt von „Help" bietet nicht viel mehr als hier bereits angedeutet wurde:

Er beginnt mit einem Hilferuf, dass er Jemandes Hilfe braucht. Dann wird die Einsicht verkündet, dass er früher, als er sehr viel jünger als heute war, niemals irgendeine Hilfe von Anderen gebraucht habe. Aber diese Tage seien vorbei, er sei nicht mehr so selbstsicher, habe seine Einstellungen geändert und sich geöffnet. Im folgenden Refrain kommt dann wieder der Hilferuf, da er sich schlecht fühle und er gerne jemanden in seiner Nähe hätte, der ihm hilft, wieder Boden unter den Füßen zu bekommen. Dann folgt fast flehentlich „Willst du mir nicht bitte, bitte helfen?" In der zweiten Strophe heißt es dann, dass sich sein

Leben so sehr verändert habe, seine Unabhängigkeit im Nebel verschwunden sei, er sich nun so unsicher fühle und wisse, dass er sie (die imaginär angesprochene Person) mehr als jemals zuvor nötig hätte. Den Schluss bilden Wiederholungen bisheriger Textelemente mit einem erneuerten, verstärkten Hilferuf zum Ausklang.

Bedenkt man jedoch, dass John in jener Zeit intensiv Marihuana konsumiert hatte, kann man aus dem Text über die Lebenskrise, wovon im Song berichtet wird, auch einen Subtext über seine Drogenerfahrung herauslesen. Die Zeile „Now I've changed my mind" könnte statt der üblichen Deutung, dass er seine Meinung geändert habe, auch so verstanden werden: „Jetzt habe ich meinen Bewusstseinszustand verändert" und den unerleuchteten Geist in einen erleuchteten verwandelt. Das würde dann auch der Zeile „I've opened up the doors" (Ich habe die Türen geöffnet) einen Sinn geben. Eine solche Lesart würde auch andere Textzeilen verständlicher machen, etwa warum sich sein Leben „in oh so many ways" verändert hatte und dass er jemanden brauchte, der ihm hilft, wieder seine „feet back on the ground" zu bekommen (vgl. Turner 2006, S. 173).

Mit seinem mitreißenden Tempo, seinem abwechslungsreichen Rhythmus und den interessanten ‚Background-Vocals' von Paul und George war „Help" aber für die Hörer einfach nur ein weiterer toller Beatles-Song. Im üblichen Trubel und Geschrei der Live-Konzerte kam wohl kaum jemand der Besucher auf die Idee, den Hilferuf des Songs ernst zu nehmen, sofern man den Text überhaupt verstehen konnte. Und im Klamauk des Filmgeschehens ging die nachdenkliche Note des Inhalts ohnehin völlig unter. Mit großer Wahrscheinlichkeit hielten die meisten Fans den Textinhalt ohnehin wieder für eine fiktive Geschichte, wodurch ein Fan sich aufgerufen fühlen sollte, John aus einem imaginären Stimmungstief zu befreien. Ohne Johns späteres Eingeständnis hätte damals wohl kein Außerstehender den Song „Help" als einen echten Hilferuf wegen seiner verborgenen Depressionen und Angstzustände verstehen können.

Die Single „Help" mit ihrer B-Seite „"I'm Down" eroberte in Großbritannien direkt die Spitze der Single-Charts und blieb dort drei Wochen. Sie verkaufte sich sogar besser als die beiden Vorgänger „I Feel Fine" und „Ticket To Ride. Dennoch gab es erstmals vermehrt Stimmen von Fans, die „Help" nicht mochten, und meinten, die

Platte wäre ein Beleg dafür, dass sich die Beatles von ihren Fans entfernten. Diese Kritik wurde von John so wahrgenommen, dass die Fans inzwischen glaubten, dass jede Single ihre Erwartungen erfüllen oder gar noch übertreffen müsse. Etwas verärgert wandte er sich wie folgt gegen solche Erwägungen:

„Wir haben nicht die Verpflichtung, jedes Mal etwas Großartiges zu produzieren. Vielmehr ist das Publikum verpflichtet zu entscheiden, ob es ihm gefällt oder nicht. (...) Ich möchte nicht so klingen, als ob es uns nicht gefallen würde, gemocht zu werden. Wir schätzen das. Aber wir können unser Leben nicht damit verbringen, dazu gezwungen zu sein. Wir machen eine Platte, und wenn Sie sie mögen, kaufen Sie sie. Wenn sie Ihnen nicht gefällt, lassen Sie es bleiben. Die Entscheidung liegt beim Publikum (John Lennon in: Anthology 2000, S. 174). "

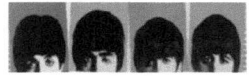

6. <u>Yesterday</u>

„Yesterday,

All my troubles seemed so far away.

Now it looks as though they're here to stay.

Oh, I believe in yesterday.

Suddenly,

I'm not half the man I used to be..."

‚Yesterday' ist wohl der berühmteste und erfolgreichste Song der Fab Four. Er stammt aus der Phase, als die Beatlemania ihren Höhepunkt erreicht hatte und die Beatles allmählich begannen, sich von üblichen Popsongs zu lösen und neue musikalische Wege zu gehen. Der Song wurde am 14.6.1965 aufgenommen und erschien erstmals am 6.8.1965 auf der LP ‚Help'. Seinem Charakter nach ist ‚Yesterday' ein für die Beatles ganz untypischer Titel. Er bietet keine rockigen Klänge von elektrischen Gitarren und wurde ohne Schlagzeug aufgenommen. Vielmehr ist es ein ganz ruhiger Titel, der primär durch seine einnehmende Melodie wirkt. Der Song ist eine Kreation, die ausschließlich auf Paul McCartneys Arbeit basiert, zu deren Entstehung die anderen drei Beatles nichts beigetragen hatten. Die Entwicklung des Titels mit Text und Instrumentierung dauerte sehr lange, was für die Beatles eher untypisch war. Normalerweise schafften es Paul und John gemeinsam in wenigen Stunden, einen Hit zu schreiben. Und auch die Aufnahme von ‚Yesterday' im Studio zog sich länger hin als üblich.

Die Entstehung dieses Hits ist so ungewöhnlich wie sein Charakter als Beatles-Song. Als Paul noch in einem Mansardenzimmer im Haus der Eltern seiner damaligen Freundin Jane Asher wohnte, wachte er eines Morgens mit einer Melodie im Kopf auf. Sie gefiel ihm sehr gut und er fragte sich, was das wohl für eine Melodie gewesen sein könnte. Er kannte sie nicht, aber irgendwie kam sie ihm auch vertraut vor. Zunächst dachte er, er hätte sich im Traum an eine Jazz-Melodie seines Vaters erinnert. Jedenfalls setzte er sich sogleich an das neben seinem Bett stehende Klavier und fand sehr bald die passenden Akkorde bzw. Harmonien zu dieser Melodie. Da er diese aber geträumt hatte, konnte er nicht glauben, dass er sie geschrieben hatte. Er dachte: *„Nein, so was habe ich nie geschrieben"* und fragte sich: *„Wo ist sie hergekommen? Aber frage dich nicht allzu hartnäckig, sonst ist sie wieder futsch (PaulMcCartney in: Miles 1998, S. 243)."*

Paul wusste aber auch, dass es schon wiederholt vorgekommen war, dass ein Musiker eine vermeintlich neue Melodie im Kopf hatte, was sich jedoch oft als ein bekanntes Klangmuster herausstellte, das er – vielleicht Jahre zurückliegend – womöglich irgendwo im Vorübergehen gehört hatte. Er fühlte sich eine Weile so, als ob er im Besitz fremden Eigentums gewesen sei.

„Mir kam es so vor, als müsse ich es der Polizei übergeben. Ich dachte, wenn niemand Anspruch

darauf erhebt, dann kann ich es behalten (Paul McCartney in: Hill 2015 S. 205). "

So versuchte er herauszufinden, ob diese Melodie in irgendeinem Song vorkam. Er fragte alle seine Freunde und Bekannten, ob sie ihnen bekannt vorkäme, doch alle verneinten. Er trug sie auch der damals bekannten Sängerin Alma Cogan vor, die eine Freundin der Beatles war und viele berühmte alte Songs kannte. Sie meinte, die Melodie sei sehr schön, aber sie hätte sie auch noch nicht gehört. Sie hatte vielleicht gehofft, Paul hätte sie für sie geschrieben, da er als Komponist damit zu ihr als berühmter Sängerin gekommen war.

Es dauerte so eine Weile, bis Paul sich traute, sich die Melodie selbst zuzuschreiben. Lange hatte er noch keinen Text dafür und legte sich eine erste vorläufige Textzeile dafür zurecht, die lautete: „Scrambled Eggs, oh my baby, how I love your legs" (übers.: ‚Rührei, oh Baby, wie ich deine Beine liebe'). Während der Dreharbeiten zum Film „Help" war immer ein Klavier in der Nähe, auf dem er, wann immer es möglich war, an der Ausfeilung der Melodie arbeitete. Er fand so einen passenden Mittelteil und perfektionierte so allmählich die Melodie. Regisseur Dick Lester ging das häufige Hantieren Pauls mit „Scrambled

Eggs" mit der Zeit auf die Nerven und drohte ihm, das Klavier wegschaffen zu lassen. In den nächsten Wochen ging Paul behutsam daran, die Worte zur Melodie zu finden und nahm sich für den Text viel Zeit. Er achtete darauf, dass die Silben zur Melodie passten und eines Tages fiel ihm dann ein, ‚Yesterday' statt ‚Scrambled eggs' zu verwenden. Die ersten Textteile fielen ihm bei einer Autofahrt ein, die er mit seiner Freundin Jane Asher von Lissabon nach Albufeira im Süden Portugals unternahm. Paul war überzeugt, dass viele Menschen sich gern ein wenig selbst bemitleideten und daher auch gerne etwas Melancholisches hören würden. Darum gab er dem Text einen etwas sentimentalen Charakter. Für den kompletten Text brauchte Paul ca. zwei Wochen, was für ihn eine ungewöhnlich lange Zeit war. In jener Zeit hielt sich auch die Showmoderatorin Muriel Young, welche damals die Sendung „Five o'clock Club' moderierte, in Albufeira auf. Sie erinnerte sich später daran, dass Paul einmal abends nach dem Dinner einen neuen Song vorspielte. Im Nachhinein war sie sich sicher, dass es sich dabei um „Yesterday" mit dem endgültigen Text gehandelt habe.

Als Paul den Song seinen Bandkameraden vorspielte, gefiel er ihnen auch sehr gut. Aber sie wussten nicht, was sie jeweils dazu beitragen könnten. Schließlich meinte John, Paul solle ihn als Solonummer allein spielen. Und so wurde „Yesterday" zunächst nur mit Gitarre und Pauls Gesang aufgenommen. Dann hatte George Martin die Idee, ein Streichquartett dazuzunehmen, was Paul aber zunächst als zu klassisch ablehnte. Schließlich überredete George Martin ihn aber dazu, indem er ihm zusagte, die Streicher wieder aus der Aufnahme zu entfernen, falls es ihm nicht gefiele. Darauf stimmte sich Paul noch einmal mit George Harrison ab. Um den Song für Streicher geeigneter zu machen, setzten sie die Harmonien und Akkorde nicht mehr so dicht wie beim Rock'n Roll. George spielte es Paul dann so vor, wie Bach es für ein Quartett komponiert hätte. Paul war von dem Ergebnis begeistert, und so arrangierten sie zügig den ganzen Song für ein Streichquartett. Da es für Paul dadurch aber etwas zu sehr nach Bach klingen würde, fügte er noch einen Dominantseptimakkord, eine sogenannte ‚Blue Note', ein, wodurch der Song einen leichten Blues-Charakter erhielt und damit wieder mehr die Handschrift von Paul erkennen ließ (vgl. Miles 1998, S. 246 ff). Um den Song schließlich aufzunehmen, buchte George Martin ein Streichquartett, wobei er wie stets die besten Musiker nahm, die er bekommen konnte – oft vom

‚London Symphony Orchetra'. Mit zwei Geigen, einer Viola und ein Cello wurde dann Pauls Song effektvoll aufgenommen. Paul gefiel das Ergebnis sehr gut und war sehr stolz darauf.

Trotz der riesigen Popularität der Beatles in jener Zeit und obwohl der Song sehr erfolgversprechend war, haben die Beatles „Yesterday" in England nicht als Single herausgebracht. Sie hatten einerseits das Gefühl, eine solch ruhige Ballade hätte ihrem Image als Rock'n Roll-Band schaden können. Andererseits wollten sie nicht ein Mitglied der Band gegenüber den anderen herausstellen. Da dieser Song ausschließlich Pauls Werk war und kein anderer der Beatles bei der Aufnahme beteiligt war, hatte George Martin dem Manager der Beatles Brian Epstein vorgeschlagen, diesen Titel als Solonummer von Paul McCartney herauszubringen. Doch Brian Epstein hatte dies rundweg abgelehnt, weil er die Beatles in keinem Fall aufsplitten wollte. Das sah auch Paul so.

„Das wäre Selbstüberhöhung gewesen, und wir achteten immer gegenseitig darauf, dass so etwas nicht einmal im Ansatz passierte. (...) ‚Yesterday' hätte bedeutet, dass das Spotlight auf mich gefallen wäre, deshalb kam es hier nicht als Single heraus. In Amerika schon. Das haben wir zugelassen, da

wir dort nicht lebten, dahin kamen wir zu Besuch,
und das war nicht dasselbe. Aber hier in England
– auf keinen Fall (Paul McCartney in: Miles,
1998, S. 249f). "

So erschien dieser besondere, großartige Song nur mit anderen zusammen auf der LP „Help" als Beatles-Titel, und als Urheber wurde das Komponisten-Duo Lennon/McCartney angegeben, wie sie es einmal grundsätzlich für alle gemeinsamen Songs vereinbart hatten. Aber anfangs war ihnen dieser schöne Song auch ein wenig peinlich, da sie sich doch für ein Rock'n Roll-Band hielten und dieser Song nicht gerade eine Rock-Nummer war.

Der Text von ‚Yesterday' bietet allerdings nichts Besonderes. Er erzählt von jemandem, der sich nach dem Gestern zurücksehnt, als alle Sorgen noch weit waren, die ihn nun bedrängen. Gestern wäre die Liebe noch ein leichtes Spiel gewesen, während er im Heute nach einem Ort des Versteckens suchen muss. Auch der Refrain bleibt ziemlich vage, oberflächlich. Darin heißt es lediglich: „Warum sie gehen musste, weiß ich nicht. Sie würde es wohl auch nicht sagen. Ich sagte etwas Falsches und nun sehne ich mich zurück nach gestern."

Es ist ein sehr fiktiver, frei erfundener Text in der Art der bisherigen Beatles-Titel. Er knüpft an keine wirkliche Erfahrung an und bietet auch noch keine sozio-kulturelle Aussage, wie sie viele spätere Titel enthielten. Dadurch, dass der Text fast nichts Konkretes bietet und nur mit Andeutungen und Emotionen spielt, bietet er aber großen Spielraum für individuelle Interpretationen und Identifikationen. Der melancholische Charakter des Textes passt auch ausgezeichnet zur Melodie. Dazu bedient er sehr gut die Erwartungen melancholischer Hörgewohnheiten, die Paul gezielt ansprechen wollte.

Wie der spätere Erfolg bewies, war Pauls Stolz auf seinen Song mehr als berechtigt. In den USA wurde ‚Yesterday' im September 1965 als Single veröffentlicht und wurde für vier Wochen die Nummer eins. Der Song sprach Musikfreunde aller Altersstufen an und bewirkte, dass viele bis dahin den Beatles kritisch gegenüber stehenden Erwachsenen ihren Frieden mit den Pilzköpfen machten. Dagegen gab es aber auch hartgesottene Rock'n Roll-Fans, die in ‚Yesterday' einen musikalischen Ausverkauf und den Anfang vom Ende der Beatles als Rock'n Roll-Band sahen. Pauls Komposition wurde jedoch nicht nur der erfolgreichste aller Beatles-Songs, er wurde sogar der am meisten gespielte Song aller Zeiten und wurde mehr als 3000 Mal von anderen Interpreten gecovert. In den 1990ern erhielt Paul eine Auszeichnung, nachdem die amerikanischen Radiosender die Platte mehr als 6 Millionen Mal gespielt hatten. (Das wären mehr als 23,5 Jahre ‚Yesterday' als Non-Stop-Play.) Der Song stärkte den Ruf Pauls als Komponist und Balladensänger. Den Beatles verschaffte er eine alle Gesellschaftsschichten übergreifende größere Akzeptanz und Anerkennung.

Aber da Pauls Song formell mit der Urheberschaft Lennon/McCartney angegeben wurde, erschien es vielen Zeitgenossen auch als ein Werk von John Lennon, der aber stets Pauls alleinige Urheberschaft bekräftigte. In diesem Zusammenhang wusste er später folgende nette Anekdote zu berichten:

„Ich saß mal in einem Restaurant in Spanien, und der Geiger bestand darauf, mir ‚Yesterday' direkt ins Ohr zu spielen. Dann bat er

mich, seine Violine zu signieren. Ich wusste nicht, was ich sagen sollte, also meinte ich „in Ordnung" und unterschrieb darauf, Yoko auch. Eines Tages wird er herausfinden, dass Paul es geschrieben hat. Aber ich schätze, er hätte schlecht von Tisch zu Tisch gehen und ‚I Am The Walrus' spielen können (John Lennon in: Anthology, 2000, S. 175)."

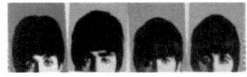

7. Nowhere Man

„He's a real Nowhere Man,

Sitting in his Nowhere Land,

Making all his Nowhere plans for nobody.

Doesn't have a point of view,

knows not where he's going to,..."

„Nowhere Man" ist ein typisches Werk von John Lennon und wurde von den Zeitgenossen als tiefgründiger, philosophischer Song aufgefasst. Er wurde am 21. und 22.10.1965 aufgenommen und erschien erstmals am 3.12.1965 auf der LP „Rubber Soul".

Über die Entstehung dieses Songs gibt es von John und Paul übereinstimmende Erinnerungen. Nach einer langen Nacht war John erst gegen fünf Uhr morgens ins Bett gekommen. Noch an diesem Morgen – wahrscheinlich noch unter LSD-Einfluss - hatte er dann nach seiner Erinnerung fünf Stunden damit zugebracht, einen Song zu schreiben. Dabei wollte ihm aber partout nichts Vernünftiges einfallen. Entmutigt gab er darauf seine Bemühungen auf und wollte sich hinlegen. Dann dachte er über sich selbst nach und sah sich als „Nowhere Man – sitting in his Nowhere Land". Dann ging es auf einmal ganz schnell und ihm fiel der ganze Song mit Text und Musik ein (vgl. Anthology 2000, S. 196). Als Paul etwas später am Tag beim ihm in Kenwood eintraf, schlief John immer noch auf dem Sofa in seiner Klause. Tage danach bekannte John im Gespräch mit Paul, dass dieser Song von ihm selbst handele, da er das Gefühl gehabt habe, ins Leere zu laufen. Paul glaubte allerdings, dass es in Wirklichkeit um den Zustand von Johns Ehe ging, worüber dieser in jener Zeit sehr unzufrieden war. Diese Situation führte aber nach Pauls Meinung immerhin zu einem von Johns besten Songs (vgl. Miles 1998, S. 312).

Der eigentliche Text besitzt nicht viel Gehalt, ist dafür aber umso kryptischer und rätselhafter. Eine möglichst wortgetreue Übersetzung lautet wie folgt: Er ist ein richtiger Nirgendwo-Mann, der in seinem Nirgendwo-Land sitzt und seine Nirgendwo-Pläne für niemanden macht. Er hat keinen Standpunkt/Gesichtspunkt, weiß nicht, wohin er geht. Ist er nicht ein wenig wie du und ich? Nirgendwo-Mann, bitte höre zu. Du weißt nicht, was du vermisst. Nirgendwo-Mann, die Welt ist dir zu Befehl. Er ist so blind, wie er nur sein kann, sieht nur, was er sehen will. Nirgendwo-Mann, kannst du mich überhaupt sehen. Nirgendwo-Mann, sorge dich nicht, nimm dir Zeit, eile nicht. Lass' alles sein, bis irgendjemand dir seine Hand reicht. Die zweite Texthälfte besteht nur noch aus Wiederholungen des Bisherigen.

Der Song war ein dankbarer Ansatzpunkt für Musikkritiker und solche Soziologen, die darin eine Verdammung der modernen Überdrussgesellschaft zu erkennen glaubten. Manche Prediger sahen in Johns Song eine Bestätigung für ihre Auffassung, dass ein Leben, wie das der Beatles, voller Höhepunkte und grenzenlosen Ruhms letztlich zu Verzweiflung, Orientierungslosigkeit und Leere führen müsse. Doch obwohl der Song seinen Ursprung in Johns

Privatsphäre hatte und diese Deutung auch partiell auf John zutreffend gewesen sein mag, so wird sie diesem Text doch nicht gerecht. In diesem Text geht es letztlich nicht um John. Er erzählt nicht von sich, sondern vom „Nowhere Man" als einer desorientierten anderen Person, der er Ratschläge aus tieferer Einsicht gibt. Dass John dem Song diese Ausrichtung gab, hat wohl mit seiner geistig-spirituellen Verfassung zu jener Zeit zu tun. Johns Drogenerfahrungen hatten bei ihm dazu geführt, seine bis dahin vertretene agnostische, religions- und kirchenfeindliche Haltung zu revidieren und die spirituelle Welt nicht mehr als irrelevant abzutun. Der Drogenkonsum von ‚Gras' und LSD hatten ihm eine neue spirituelle Sichtweise eröffnet und in ihm den Wunsch geweckt, sich wieder intensiver mit religiösen Fragen zu befassen. In jener Zeit kaufte er sich theologische Bücher und begann, wieder in der Bibel zu lesen (vgl. Turner 2006, S. 178). Da er sich nun als jemanden sah, der über tiefere, erleuchtete Einsichten verfügte, gab er dem Song „Nowhere Man" den Charakter einer religiösen Botschaft. Darin wendet sich John an einen Unerleuchteten und fordert ihn auf zu entdecken, was er bisher versäumt hat. Er bezeichnet den Nirgendwo-Mann als blind, da er nur sieht, was er sehen will. Aufbau und Struktur des Songs erinnern auch an eine Predigt. Die Frage am Ende der ersten Strophe „Ist er nicht ein bisschen wie du und ich?" ähnelt einer rhetorischen Floskel, die auch Pfarrer zuweilen verwenden, wenn sie Sünder nicht zu hart beurteilen wollen. Mit dem Refrain „bitte hör zu" und „sorge dich nicht" fordert er den Nirgendwo-Mann auf, auf ihn zu hören, aufzuwachen, sich nicht zu sorgen und nicht zu eilen. Nach Aussage des weiteren Textes würde ihm dann die Welt untertan sein. Es mag sein, dass John bei der Gestaltung des Songtextes als Botschaft bzw. Ratschlag nicht bewusst solche Aspekte im Detail beabsichtigte. Das geschah wohl eher intuitiv. Er liebte es ja auch, mehrdeutige Aussagen in seine Texte einzubauen. Jedenfalls passt diese Deutung sehr gut zu seiner damaligen geistigen Verfassung, und tendenziell war eine solche oder ähnliche Ausrichtung von ihm mit Sicherheit beabsichtigt.

Nach Veröffentlichung von „Nowhere Man" stürmte auch dieser Song an die Spitze der Charts und belegte Platz eins u.a. in den USA, in Kanada und Australien. Er wurde in den USA mit „Gold" ausgezeichnet. In Großbritannien wurde der Song nicht als Single herausgebracht. Dennoch fand er großen Zuspruch, so dass auch von „Nowhere Man" zahlreiche Cover-Versionen darunter u.a.

von den Bee Gees oder dem Hollyridge Strings-
Orchester aufgenommen wurden.

8. <u>Michelle</u>

„Michelle, ma belle

These are words that go together well

My Michelle.

Michelle, ma belle

Sont des mots qui vont très bien ensemble,

Très bien ensemble ..."

„Michelle" ist ein weiterer sehr erfolgreicher Song der Beatles mit einer besonderen Note, die er von den darin enthaltenen französischen Textelementen erhält. Er ist hauptsächlich das Werk von Paul McCartney; die gewinnende schöne Melodie verrät deutlich Pauls Handschrift. Er wurde am 3.12.1965 aufgenommen und erschien erstmals am 3.12.1965 auf der LP „Rubber Soul".

Die Melodie ist eine von Pauls frühesten Kreationen. Sie stammt noch aus der Zeit, als er das ‚Liverpool Institute' besuchte. Er hatte es als Gitarrenstück im Fingerpicking-Stil von Chet Atkins geschrieben. Dabei konnte er die Melodie und gleichzeitig die Basslinie auf der Gitarre zupfen. Das war für ihn – wie fast für alle Rock-Gitarristen – damals eine neue Spieltechnik, die Paul aber nicht weiter erlernte. Es blieb aber zunächst ein reines Instrumentalstück. In jener Zeit besuchten John und Paul häufig Partys, die ein Tutor von Johns Kunstschule gab, weil man dort Mädchen treffen und sich selbst in Szene setzen konnte. Paul saß dort oft in einer Ecke, mit schwarzem Rollkragenpulli bekleidet. Er gab sich ein wenig wie ein französischer Existenzialist und täuschte vor, französisch sprechen zu können, weil damals jeder wie Sascha Distel sein wollte. Zuweilen spielte er dann diese französisch anmutende Melodie und versuchte, geheimnisvoll zu wirken, um sich bei den Mädchen besonders interessant zu machen (vgl. Miles 1998, S. 313f). Jahre später erinnerte ihn John an diese schöne Melodie, die Paul öfters bei den Partys gespielt hatte, und meinte, er solle etwas daraus machen. Da sie inzwischen immer wieder Ideen für neue Songs brauchten, vierzehn für jede LP und dazu noch für Singles, machte Paul sich daran, einen

Song daraus zu machen. Da ihm der Name Michelle gefiel, wollte er diesen für den Song verwenden. Die Frau eines von Pauls Freunden war eine Französischlehrerin. Bei einem gemeinsamen Treffen bat Paul sie, ihm bei dem Text zu helfen und fragte sie zunächst, ob ihr irgendetwas einfiele, dass sich auf ‚Michelle' reimt. Sie sagte darauf „Ma belle" (die Hübsche), was Paul sehr gefiel und den Anfang für ein Liebeslied sein konnte. Danach fragte er sie, was „Diese Wörter passen gut zusammen" auf Französisch heißt, worauf sie antwortete:"Sont des mots qui vont très bien ensemble". Paul fand das großartig und hatte damit schon die Hauptaussage des Textes. Er ließ sich dann noch von ihr erklären, wie man das aussprach, und tüftelte an den Strophen zunächst allein weiter. Später, als der Song sich als sehr erfolgreich erwiesen hatte, schickte ihr Paul einen Scheck, da er die Frau seines Freundes in gewisser Weise als Co-Autorin ansah, wofür ihr seines Erachtens auch eine Honorierung zustand. Für den zweiten Akkord, den er für „Michelle, ma belle" brauchte, verwendete er einen jazzigen Akkord, den die Beatles außer für „Michelle" nur noch einmal für „Till There Was You" verwendet hatten. Diesen schwer zu greifenden Akkord lernten sie vom Jazzgitarristen Jim Gretty, der in einem Liverpooler

Musikgeschäft arbeitete. Für den Mittelteil schlug John, die Wiederholungen „I love you, I love you, I love" vor, wie er das bei dem Song von Nina Simone „I Put A Spell On You" gehört hatte. Paul nahm diese Idee auf und variierte dies für die Wiederholungen seines Songs. John hielt sich etwas darauf zugute, dass durch seine Mitarbeit Pauls oftmals leichte Balladen eine bluesige Note erhielten, wodurch verhindert wurde, dass sie kitschig wirkten.

Ansonsten ging Paul die Arbeit an „Michelle" leicht von der Hand. Alle wichtigen Entscheidungen waren schon beim Schreiben gefallen. Der Song wurde auf vier kleinen Spuren aufgenommen und dann abgemischt, was nach Pauls Aussage nur etwa eine halbe Stunde gedauert hatte. Danach war der Song fertig und die Bandschachtel kam ins Regal (vgl. Paul McCartney in: Miles 1998, S. 315). Paul war schließlich sehr stolz darauf, mit welch geringem Aufwand er diesen erfolgreichen Song hergestellt hatte.

„Ein populärer Song, der weiterhin Zahlen auf dem kleinen Tachometer produziert, oder was immer es ist: Vier Millionen mal im Rundfunk gespielt. Nur dieses eine kleine Ding. Minimaler

Aufwand, minimale Kosten, minimales irgendwas. Das ist herrlich, es ist der absolut beste Weg (Paul McCartney in Miles 1998, S. 315f)."

Inhaltlich ist der Song ein klassisches Liebeslied, in dem es darum geht, dem Mädchen seine Liebe zu offenbaren. Ins Deutsche übersetzt besagt der Text Folgendes:

Michelle, meine Hübsche, das sind Worte, die gut zusammenpassen, meine Michelle. *(Das wird zu Beginn einmal in Englisch und ein Mal auf Französisch gesungen.)* Ich liebe dich, ich liebe dich, ich liebe dich, das ist alles, was ich sagen will. Bis ich einen Weg dafür finde, will ich die einzigen Worte sagen, die ich kenne, damit du es verstehst. Michelle, meine Hübsche, das sind Worte, die gut zusammenpassen. Ich muss, ich muss, ich muss dir verständlich machen, was du mir bedeutest. Bis dahin hoffe ich, dass du verstehen wirst, was ich meine. Ich liebe dich. Ich will dich, ich will dich, ich will dich. Ich denke, das weißt du inzwischen. Ich werde irgendwie zu dir finden. Bis dahin sage ich dir, damit du verstehst. Michelle, meine Hübsche, das sind Worte, die sehr gut zusammenpassen, sehr gut zusammen. Ich will die einzigen Worte sagen, die ich kenne, damit du es verstehst, meine Michelle.

„Michelle" erreichte in Frankreich die Spitze der Hitparade, vor allem weil die Beatles einen Teil des Textes in Französisch singen. 1966 erhielt der Song einen ‚Grammy' als ‚Song of the Year'. Maßgeblich wegen seiner schönen Melodie wurde der Song sehr erfolgreich und nach „Yesterday" der am meisten gecoverte Beatles-Titel. Zu den Orchestern und Künstlern, die den Titel coverten, gehörten u.a. Count Basie, die 12 Cellisten der Berliner Philharmoniker, das Royal Philharmonic Orchestra, Chris de Burgh, das Munich Symphonic Sound Orchestra und Mr. Acker Bilk.

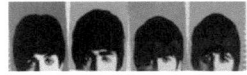

9. __Eleanor Rigby__

„Ah, look at all the lonely people.

Ah, look at all the lonely people.

Eleanor Rigby picks up the rice in the church

Where a wedding has been.

Lives in a dream ..."

„Eleanor Rigby" ist für eine Rock-Band ein ganz außergewöhnlicher Song. Das betrifft einerseits die Instrumentierung, bei der weder Gitarren noch Schlagzeug eine Rolle spielen, und andererseits den Inhalt und die damit verbundenen Aussagen. Er kann auch als beispielhaft dafür gelten, wie vielfältig die Inspirationsquellen und die verschiedenen inhaltlichen Bedeutungsebenen bei Beatles-Songs zuweilen waren. Der Song wurde am 28./29.4.1966 eingespielt und am 6.6.66 fertiggestellt. Er erschien in Großbritannien am 5.8.1966 als Single und am gleichen Tag auch auf der LP „Revolver".

„Eleanor Rigby" ist fast ausschließlich Pauls Werk. Es hatte seinen Ursprung, als Paul im Musikzimmer der Familie Asher am Klavier mit dem e-Moll-Akkord improvisierte. Über diese Improvisation legte er eine Melodie, für die er aber noch keinen Text hatte. Deshalb murmelte er die Melodie mit irgendwelchen beliebigen Silben bzw. unsinnigen Wörtern, die ihm gerade in den Sinn kamen. Als er dann darauf weiter am Text bastelte, sprudelte auf einmal die Zeile „Picks up the rice in a church where a wedding has been" aus seinem Inneren hervor. Den Ursprung konnte er sich nicht erklären, aber diese Zeile begann, die weitere Arbeit an dem Song zu bestimmen.

„Was soll das bedeuten? Es ist doch seltsam: Die meisten Leute lassen den Reis dort liegen, außer vielleicht eine Putzfrau. Also gibt es die Möglichkeit, dass sie die Putzfrau in der Kirche ist, oder ist es etwas Wehmütigeres. Sie könnte eine einsame Jungfer in dieser Kirchengemeinde sein,

die niemals heiraten wird, und dafür entschied ich mich. Also wurde daraus ein Song über einsame Menschen (Paul McCartney in: Miles 1998, S.324).

Da Paul früher Pfadfinder gewesen war, hatte er sich quasi als gute Tat um Rentner gekümmert, etwa indem er für sie Besorgungen machte oder sie einfach besuchte und sich vom Krieg erzählen ließ. Dadurch konnte er sich gut in die Lebenssituation einsamer alter Menschen hineinversetzen.

Die imaginäre alte Dame in seinem neuen Lied sollte einen real klingenden Namen erhalten, dafür fiel ihm aber zunächst nichts Passendes ein. Nach Pauls Erinnerung war ihm bei den Filmaufnahmen zu „Help" zum ersten Mal der Name Eleanor begegnet, ein Name der ihm gefiel. Auf den Nachnamen stieß er während eines Besuchs im Bristoler Hafengebiet, als er an einem Weingeschäft namens „Rigby & Evans" vorbeikam. „Rigby" schien ihm der ideale Namen für seine Songheldin. Es gibt aber auch noch eine andere Möglichkeit, den Ursprung des Namens zu erklären. Auf dem Friedhof „Woolton Cemetry", wo sich John und Paul in jungen Jahren häufig aufhielten, erinnert ein Grabstein an eine Eleanor Rigby, die im Alter von 44 Jahren verstorben ist.

Paul hält es für möglich, dass er sich unbewusst daran erinnert hat, als er nach einem Namen suchte. Als Paul den Namen hatte, packte er Melodie, Akkorde und Textfragmente zusammen, um gemeinsam mit den anderen Bandkameraden den Text fertigzustellen. In dieser frühen Phase der Songentwicklung hatte er für die zweite Person den Namen ‚Father McCartney' gewählt, weil es mit den Silben aufging. Da dies doch zu autobiografisch klang, suchten sie im Telefonbuch nach einer besseren Alternative. Dort fanden sie schließlich mit „Father McKenzie" den Namen für den zweiten Helden des Songs. Ringo schlug als Textelement vor, dass der Pater nachts seine Socken stopft. Von George stammte die Idee des „lonely people"-Refrains und ihr Ex-Kumpel von den ‚Quarry Men', Peter Shotton, schlug vor, dass Pater McKenzie bei der Beerdigung von Eleanor Rigby spricht. Dadurch finden die beiden Helden des Songs in der letzten Strophe schließlich zusammen (vgl. Hill 2010, S. 237).

Paul nahm eine Demoversion des Songs in einem experimentellen Studio auf und spielte ihn u.a. auch Marianne Faithful und Mick Jagger vor. Marianne war sehr an dem Song interessiert, aber Paul wollte „Eleanor Rigby" für sich selbst behalten. Paul sah diesen Song als eine Art

Durchbruch beim Songschreiben an: weg von poppigen Songs hin zu mehr nachdenklichen, ernsten Texten. Vorübergehend dachte er, „Eleanore Rigby" könnte der erste Schritt sein, um sich zum ernsthaften Komponisten zu wandeln (vgl. Miles, 1998, S. 327). Bei der Instrumentierung des Songs wirkte keiner der Beatles mit; dafür kamen ausschließlich zwei von George Martin angeheuerte Streichquartette zum Einsatz. Das dadurch entstandene dynamische aber auch gefühlvolle Klangbild erinnert stark an ein Werk klassischer Musik und die Melodie des Songs an eine tragische englische Folkballade. Andererseits scheint der Song mit der Stimmung der vorherrschenden E-Moll-Tonlage sogar an eine Musiktradition der Renaissance anzuknüpfen. Dieses Lied des damals 24-jährigen Paul McCartney, das zudem noch einen vieldiskutierten, gesellschaftskritischen Text bietet, liefert einen deutlichen Hinweis auf sein Ausnahmetalent als Komponist, der viele Einflüsse der Musiktradition in seine Songs einzuarbeiten wusste. Zu diesem interessanten Titel trugen die Beatles selbst allerdings nur die Gesangsstimmen bei, mit Pauls Führungsstimme im Vordergrund.

Den Inhalt des kompletten Textes kann – eingedenk gewisser unvermeidbarer Unschärfen der Übersetzung – so darstellen:

Schaut auf all die einsamen Leute. Eleanor Rigby sammelt den Reis in der Kirche, wo es eine Trauung gegeben hat. Sie lebt in einem Traum, wartet am Fenster mit dem Gesicht, das sie in einem Krug an der Tür bewahrt.(??) Für wen? All die einsamen Leute. Wo kommen sie her? All die einsamen Leute. Wohin gehören sie? Pater McKenzie schreibt die Worte einer Predigt, die keiner hören wird. Niemand kommt näher. Schaut, wie er arbeitet und seine Socken in der Nacht stopft, wenn keiner da ist. Worüber macht er sich Sorgen. All die einsamen Leute, wo kommen sie her? Wohin gehören sie alle? Schaut auf all die einsamen Leute. Eleanor Rigby starb in der Kirche und wurde mit ihrem Namen begraben. Niemand war gekommen. Pater McKenzie wischt sich den Schmutz von den Händen, als er das Grab verlässt. Niemand wurde gerettet/erlöst. All die einsamen Leute, wo kommen sie alle her? Wohin gehören sie alle?

Mit eindrücklichen poetischen Bildern vermittelt der Text Aspekte der Einsamkeit alter Menschen. Diese Einsamkeit betrifft im Song nicht nur die

113

alte Eleanor Rigby, sondern auch Pater McKenzie. Dieser nimmt zwar noch seine gesellschaftliche Rolle wahr, aber muss mit seinen kleinen persönlichen Sorgen auch alleine zurechtkommen. Wenn man die Fragen im Text, wo die einsamen Menschen herkommen und wohin sie gehören, als Fragen versteht, warum es sie gibt und wo ihr Platz im Leben sein sollte, gewinnt der Text nicht nur eine soziale, sondern auch eine gesellschaftskritische Dimension. Aber der Song hat unverkennbar noch eine weitere Bedeutungsebene, denn darin kommt ein ziemlich düsteres, trostloses Bild von Kirche und Christentum zum Ausdruck. Paul assoziiert darin die Kirche mit alten Jungfern, dem Tod, wirkungslosen Priestern und Predigten, die auf taube Ohren stoßen. Er beschreibt eine kirchliche Atmosphäre, die von Verfall und innerer Leere gekennzeichnet ist. Die letzte Zeile des Songs „No-one was saved" (niemand wurde gerettet/erlöst) muss für gläubige Christen schwer zu ertragen gewesen sein. So ist es auch kein Wunder, dass viele Kritiker Paul einen verschleierten, aber deutlichen Angriff auf das Christentum unterstellten. Paul hielt dagegen, dass es in dem Song nur um einsame Menschen gehe, von denen einer zufällig ein Priester sei. Aber selbst, wenn dieser kirchenkritische Aspekt des Songs nicht bewusst eingebaut wurde, spricht doch viel dafür, dass Pauls seit Kindheitstagen verinnerlichte Abneigung gegen Christentum und Amtskirche dadurch unbewusst ihren Niederschlag fand.

Nach der Veröffentlichung der Single kletterte auch „Eleanor Rigby" auf Platz eins der Charts wie die elf Vorgänger-Singles der Beatles. 1966 erhielt Paul McCartney einen ‚Grammy' für seinen Gesangspart bei diesem Titel.

Zahlreiche namhafte Interpreten (z.B. Joan Baez, Aretha Franklin,  Shirley Bassey oder Ray Carles) und Orchester haben Cover-Versionen dieses Songs aufgenommen. Im Auftrag des Liverpooler Stadtrats hat der Rocksänger Tommy Steele 1982 eine Bronzestatue gestaltet. Sie zeigt „Eleanor Rigby" und ist auf der Liverpooler Stanley Street zu sehen. Mit dieser Statue erinnert die Stadt dauerhaft an diesen schönen, wenn auch untypischen Beatles-Song von Paul McCartney.

10. <u>She's Leaving Home</u>

„Wednesday morning at five o'clock

As the day begins

Silently closing her bedroom door

Leaving the note that she hoped

Would say more ... "

Mit dem Song „She's Leaving Home"
thematisierten Paul McCartney und John Lennon
ein alltägliches Familiendrama jener Zeit und
machten daraus eine bemerkenswerte
sozialkritische Ballade. Der Song wurde am 17.
und 20.3.1967 aufgenommen und erschien am
1.6.1967 auf der LP „Sgt. Pepper's Lonely Heart's
Club Band".

Im Februar 1967 veröffentlichte die „Daily Mail" einen Artikel mit der Überschrift „Musterschülerin lässt Auto stehen und verschwindet spurlos". Die 17-jährige Melanie Coe, die damals kurz vor ihrer Abiturprüfung stand, war von zu Hause weggelaufen. Später hatte man ihr verlassenes Auto mit ihrem Nerzmantel und ein paar Diamantringe gefunden. Im Artikel wurde ihr Vater mit den Worten zitiert: „Ich sehe keinen Grund, warum sie hätte weglaufen sollen. Sie hatte bei uns doch alles (vgl. Miles 1998, S. 369)." Angeregt durch diese Meldung hatte Paul die Idee zu diesem Song. Da es in jener Zeit ziemlich oft passierte, dass ein Teenager von zu Hause weglief, nahm er das als roten Faden und konstruierte daraus die Geschichte eines Familiendramas, das aus dem Generationenkonflikt zwischen Eltern und Tochter hervorging. So konnte Paul mit seiner Vorstellungskraft folgende erste Textteile mit folgendem ergreifenden Inhalt schreiben: Sie stiehlt sich heimlich aus dem Haus und hinterlässt eine kurze Nachricht, die Eltern wachen auf und finden ihre Nachricht. Paul gefiel diese Idee, da sich die Geschichte auch so ähnlich abgespielt haben könnte. Als Paul beim nächsten Treffen mit John den bisherigen Teil seines Songentwurfs vorstellte, brachte dieser Ideen eines griechischen Chors mit langen getragenen Töne dazu ein, bei denen sie immer den gleichen begleitenden Akkord beibehielten. Mit dem Chor, der wie in einer altgriechischen Tragödie fungierte, fügten sie die Perspektive der Eltern des entlaufenen Mädchens ein. („We gave her most of our lives, we gave her everything money could buy.") Damit orientierten sie sich wohl eng am Zeitungsartikel und den darin enthaltenen Äußerungen der Eltern. Die illustrierende Zeile über den Mann aus der Autobranche, mit dem das Mädchen das Weite suchte, war eine reine Erfindung Pauls. In Wirklichkeit war der Mann ein Croupier, kein Autohändler. Paul hatte sich dabei einen jener schmierigen Typen vorgestellt, die sich mit einem dicken ‚Schlitten' an Schulmädchen ranmachen. Für das Ende des Songs, der musikalisch wie ein altmodisches, melancholisches Volkslied wirkt, ließ Paul sich einen überraschend-kreativen Akzent einfallen. Zum Schluss steigt die Melodie zunächst steil an, um dann mit den letzten Tönen („…bye, bye") wieder abfallend mit einer ‚plagalen Kadenz' zu Ende zu gehen. Der Musikkritiker W. Manners sah in diesem Ende den Nachweis für Pauls intuitive Genialität (vgl. TV-Doku, Die Beatles und der Zeitgeist von 1967), da er davon ausging, dass Paul nicht bewusst dieses besondere kompositorische Element einsetzte, es womöglich gar nicht kannte.

Es ist ein bemerkenswerter Zufall, dass jene Melanie Coe, die vom Elternhaus weggelaufen war und Paul zu diesem melodischen Song inspiriert hatte, ihn zwei Jahre zuvor persönlich kennengelernt hatte. Melanie hatte als 15-jährige – damals glühende Beatles-Verehrerin – in einem Fernsehwettbewerb einen Preis gewonnen. Dieser bestand für sie in einer von den Beatles signierten LP, die sie persönlich von Paul mit Handschlag überreicht bekommen hatte. Ihre zwei Jahre später erfolgte Flucht aus dem Elternhaus währte allerdings nicht lange; sie wurde von der Polizei aufgegriffen und wieder zu ihren Eltern gebracht. Als 18-jährige verließ sie dann – volljährig geworden - aber endgültig ihr Elternhaus, um unabhängig und frei zu sein. Melanie hat später offenbar doch ihren Platz im Leben gefunden. Anfang der 1990er Jahre war sie verheiratet, war Mutter von zwei Kindern und Leiterin der Juwelier-Abteilung von Londons Nobel-Kaufhaus Harrod's (vgl. Bratfisch 2002, S.478).

Paul hatte das Gefühl, einen besonderen Song geschrieben zu haben, und wollte die Möglichkeiten einer Orchesterbegleitung ausprobieren. Er glaubte, dass der Song dafür gut geeignet sei. Ungeduldig, mit einem „Jetzt-oder-nie-Gefühl, rief Paul ihren Produzenten George

Martin an und wollte um jeden Preis „She's Leaving Home" in der folgenden Woche aufnehmen (vgl. Miles 1998, S. 371). George Martin musste jedoch mit Bedauern ablehnen, da er noch mitten in den Aufnahmesessions für ein Album mit Cilla Black steckte. Paul war frustriert und etwas wütend, da er meinte, George Martin hätte sich die Zeit für ihn nehmen müssen. Weil er aber nicht warten wollte, rief Paul einen anderen Arrangeur namens Mike Leander diesbezüglich an. Als Paul ihm erklärte, dass er für seinen Song viele Streicher zur Instrumentierung haben wolle, meinte Leander, er solle ihn nur machen lassen. Paul ließ sich darauf ein, jedoch passte es ihm nicht, dass er so nur das fertige Endprodukt zu hören bekommen würde. Auf diese Weise wurde „She's Leaving Home" der erste Beatles-Titel, der nicht von George Martin arrangiert und produziert wurde. George Martin war darüber sehr pikiert. Er äußerte sich später darüber so:

„Ich konnte seine plötzliche Ungeduld nicht verstehen. Der Gedanke, dass mich das verletzen könnte, war ihm offenbar gar nicht gekommen (George Martin in: Miles 1998, S. 371)."

Letztlich fand Paul das Ergebnis gar nicht schlecht, auch wenn bei dieser Aufnahme keiner der Beatles ein Instrument spielte. Der Text wurde von Paul und John gesungen, begleitet von einer Harfe und diversen Streichinstrumenten.

In der deutschen Übersetzung liest sich die Geschichte, die Paul in dem Song erzählt, folgendermaßen:

Mittwochmorgen um fünf Uhr, der Tag beginnt gerade, sie schließt leise die Tür ihres Schlafzimmers und hinterlässt eine Nachricht, von der sie hofft, dass sie mehr sagen wird. Sie geht die Treppe hinunter zur Küche, packt ihr Taschentuch, dreht leise den Schlüssel der Hintertür, tritt hinaus und ist frei. Sie - (wir gaben ihr fast unser ganzes Leben) geht weg -(opferten fast unser ganzes Leben) von zu Haus – (wir gaben ihr alles, was man für Geld kaufen konnte). Sie verlässt ihr Zuhause nach so vielen Jahren einsamen Lebens. Bye, bye.

Vater schnarcht, als seine Frau sich ihren Morgenrock anzieht. Sie hebt den Brief auf, der dort liegt und steht allein oben auf der Treppe. Sie bricht zusammen und ruft zu ihrem Mann: „Vater, unser Kind hat uns verlassen. Wie konnte sie uns nur so gedankenlos behandeln? Wie konnte sie mir das antun? Sie – (wir haben nie an uns selbst gedacht) geht weg – (wir haben uns das ganze Leben abgestrampelt, um zurechtzukommen) von zu Haus. Sie verlässt ihr Zuhause nach so vielen Jahren einsamen Lebens. Bye, bye.

Freitagmorgen um 9 Uhr ist sie weit weg. Sie wartet, um die Verabredung, die sie getroffen hat, einzuhalten und einen Mann aus der Autobranche zu treffen. Sie – (was haben wir falsch gemacht?) geht weg – (wir wussten nicht, dass es falsch war) von zu Haus. Spaß ist die einzige Sache, die man für Geld nicht für kaufen kann, etwas im Inneren, das so viele Jahre immer geleugnet worden war. Bye, bye. Sie verlässt ihr Zuhause, bye, bye.

Mit diesem Text verband Paul zweifellos eine Kritik an den gesellschaftlichen Konventionen in Großbritannien jener Zeit. Der Song bringt sehr gut die häufig unüberbrückbare Kluft zwischen den Generationen von Eltern und Kindern zum Ausdruck. Zugleich stellt er den häufig bei der älteren Generation vorhandenen Glauben, alle menschlichen Bedürfnisse materiell befriedigen zu können, in Frage. Der jungen Melanie Coe war es jedenfalls nicht genug, alles von ihren Eltern zu bekommen, was man für Geld kaufen konnte. Ihr fehlten offenkundig so etwas wie Liebe und Zuwendung. Unausgesprochen enthält der Text den Vorwurf, die ältere Generation würde sich nicht ausreichend in die Gefühlswelt der jungen Leute hineinversetzen. Insofern kann man Pauls Song „She's Leaving Home" als Angriff auf die bürgerliche Mentalität ansehen, den eigenen Standpunkt als den einzig richtigen anzusehen und die Schicklichkeit mit Rechtschaffenheit zu verwechseln. Der Buchautor Hans Rookmaakers bekräftigte Pauls Kritik an dieser bürgerlichen Haltung, da er sie auch aus christlicher Sicht in Frage stellte.

„Ist das wirklich das echte Leben? Ist es das, wofür der Mensch geschaffen wurde? Ist das das Leben, für das Christus starb? Ist das Christentum? Weit gefehlt (Rookmaakers in: Turner 2006, S. 329)."

Dieser ruhige, melodiöse und von Streichern geprägte Song hatte nichts mehr mit den frühen Beatles-Songs gemein und war alles andere als eine Rock'n Rollnummer. Dennoch fand er Gefallen bei vielen Musikfreunden. Im Magazin „Rolling Stone" wurde er als Werk mit der elegantesten, sorgfältigsten und komplexesten Melodiestruktur der Popmusik gerühmt (vgl. Bratfisch 2002, S. 478). So ist es auch nicht verwunderlich, dass es ebenfalls von „She's Leaving Home" zahlreiche Cover-Versionen gibt, u.a. von ‚The Royal Academy Of Pop Music Symphony Orchestra', ‚The London Pop Orchestra' oder ‚Mr. Acker Bilk'.

11. <u>A Day In The Life</u>

„*O read the news today, oh boy,*

about a lucky man who made the grade.

And though the news was rather sad,

Well, O just had to laugh.

O saw the photograph,

He blew his mind out in a car..."

„A Day In The Life" ist wohl der ungewöhnlichste und experimentierfreudigste Titel, den die Beatles je veröffentlicht haben. Es ist primär ein Song von John Lennon, auch wenn Paul McCartney eine Menge an Ideen dazu beigesteuert hatte. Die Aufnahmen erfolgten an mehreren Tagen im Januar und Februar 1967. Der Song erschien am 1.6.1967 auf der LP „Sgt. Pepper's Lonely Heart's Club Band". Er ist der letzte Titel auf diesem legendären Album, ist jedoch eher eine glanzvolle

Zugabe als ein Abschluss, da dieser eigentlich schon in "Sgt. Pepper's Reprise" besteht. Für den Musikkritiker Benzinger ist es der herausragende und wichtigste Song des Sgt. Pepper-Albums (vgl. Bratfisch 2002, S. 157).

John Lennon wurde durch verschiedene Meldungen aus der Daily Mail-Ausgabe vom 17. Januar 1967 inspiriert. So nutzte er für die erste Strophe die Nachricht über einen Verkehrsunfall, bei dem Tara Browns, der junge Guiness-Erbe, ums Leben gekommen war. Als John und Paul dann an der Strophe arbeiteten, stellten sie sich dabei aber den Unfalltod eines mit Drogen vollgepumpten Politikers vor. Paul wollte auch die Textsequenz „blew his mind" auch als Anspielung auf Drogen verstanden wissen (vgl. Miles, 1998, S. 382). Für die zweite Strophe ließ sich John von den gemeldeten 4000 Schlaglöchern in den Straßen von Blackburn, Lancashire, die dringend beseitigt werden müssten, anregen. Dadurch wurde in dem Song aber ohne Bindung etwas Schreckliches und etwas Banales gegenübergestellt. Dazwischen ist sogar noch vom Sieg der britischen Armee im Krieg die Rede. Aber es fehlte eine passende Verbindung dieser Teile. Paul hatte die Idee, ein altes, von ihm noch nicht verwendetes Fragment „Woke up, fell out of bed..." dafür zu verwenden.

Und so wurde der Song auf die Weise entwickelt, dass John die Ideen für den Anfang und das Ende lieferte, während Paul das Mittelstück und spezielle Akzente einbrachte. Um den ersten Teil mit dem Mittelstück zu verbinden, hatten sie das Klingeln eines Weckers eingespielt, was dann ausgezeichnet zu Pauls „Woke up …" passte. John lobte später die Zusammenarbeit mit Paul zu diesem Song außerordentlich, insbesondere dessen Beitrag mit der Zeile „I'd love to turn you on", eine Aussage, die damals etwas anrüchig war. Viele konnten das als Aufruf zum Drogenkonsum verstehen.

John und Paul sahen sich damals als avantgardistische Künstler, die mit ganz verrückten Ideen experimentieren konnten. So kamen sie auch auf die Idee, eine Leerstelle im Song über 15 Takte durch ein ganzes Orchester füllen zu lassen. Als Paul ihrem Produzenten George Martin diesen Vorschlag unterbreitete, wehrte sich dieser wegen der hohen Kosten dagegen. So einigte man sich schließlich auf ein halbes, nur 41-köpfiges Orchester. Das angestrebte Klangvolumen wollte George Martin dann durch eine Verdopplung der Aufnahmespur erzielen. Sie verzichteten auf ein Arrangement für die Orchestermusiker und behandelten diese wie ein einziges Instrument, wohl wissend, dass sie diese damit sehr irritieren würden, da diese nicht ans Improvisieren gewöhnt waren. Den Orchestermusikern sollte lediglich die Vorgabe gemacht werden, gemeinsam mit dem jeweils tiefsten Ton zu beginnen und bei eigenem Tempo schließlich beim höchsten Ton anzukommen. Für das Ende des Songs hatten sie danach einen langen, lauten, verklingenden E-Akkord vorgesehen. Doch damit war ihre Experimentierfreude noch nicht zu Ende. In jenen Tagen befassten sie sich gerade mit der neuen Stereo-Aufnahmetechnik und fragten u.a. die Toningenieure nach dem Zweck der Pausen zwischen den Songs. Diese erklärten ihnen, dass die Pausen traditionell etwa 3 Sekunden lang wären und den DJs die Gelegenheit geben sollten, die Songs in die gewünschte Reihenfolge zu bringen. Das brachte sie auf die Idee, diese Pausen irgendwie zu füllen oder für eine direkte Überbrückung zu nutzen, dass keine Pause mehr entsteht. Dies machten sie etwa zwischen dem ersten Titel „Sgt. Pepper" und dem folgenden „With A Little Help From My Friends". Als dann die Toningenieure noch von Frequenzen sprachen, die nur Hunde hören könnten, dachten sie:

„Wir müssen einen Teil haben, den nur Hunde hören können, Warum soll man nur Platten für

Menschen machen. Es wurde ein bisschen verrückt, und jeder tat noch etwas mehr dazu. Wir stellten diese Teile ans Ende der Platte, nur so zum Spaß. Sollen doch Martha, Fluffy und Rover auch etwas bekommen (Paul McCartney in: Anthology 2000, S. 247). "

Der Übergang vom Orchester zum bombastischen Schlussakkord, der für die Hörer in ewige galaktische Sphären zu entschwinden scheint, macht allein den Song schon zu etwas Besonderem. Da John und Paul aber mit diesem Ende immer noch nicht so richtig zufrieden waren, schnitten sie Geplapper der Zeile „Couldn't really be another" hinein. Diese Textsequenz wurde zahllos wiederholt und bis zur Unkenntlichkeit verzerrt. Manche Fans dachten später, in diesem Geplapper sei eine Botschaft versteckt, aber auch wenn sie den Song rückwärts abspielten, verstanden sie nichts (vgl. Hill, The Beatles 2010, S. 271).

Als die Songsequenz mit dem Orchester im Studio One der EMI-Studios aufgenommen wurde, machten die Beatles daraus eine skurrile Veranstaltung. Der Raum war von bunten Luftballons erfüllt. Blumenkinder tobten darin herum und ließen buntschillernde Luftblasen steigen. Dutzende Freunde der Beatles hatten sich eingefunden und drängten sich an den Rändern des Raumes. Drei der Rolling Stones, Brian Jones, Keith Richards und Mick Jagger in Begleitung von Marianne Faithful, zeigten sich modisch im damals letzten psychedelischen ‚Schrei'. Sie trugen lange, wallende Halstücher, zerknitterte Samt- und Satinhosen sowie knallbunte Stiefel. Vier holländische Designer hatten sich als Tarot-Figuren verkleidet und ließen Tamburins und Glöckchen klingeln. Dazu war die Luft vom betäubenden Duft von Räucherstäbchen und Mariuahanaschwaden erfüllt. Die Orchestermitglieder und Produzent George Martin waren gebeten worden, im Abendanzug zu erscheinen. Die Beatles hatten zugesagt, auch so zu erscheinen, hielten sich aber nicht daran. Sie mischten sich unter die Musiker und verteilten allerlei Party- und Scherzartikel wie Ansteckbrustwarzen aus Plastik, Gummiglatzen, Plastikbrillen mit falschen Augen oder überdimensionierte Zigarren. Der Konzertmeister des London Philharmonic Orchestra setzte sich eine riesige rote Pappnase auf und der Stimmführer der 2. Geigen führte den Bogen mit einer enormen Gorillapranke. Die Orchestermusiker sollten so auf das ungewöhnliche Vorhaben eingestimmt werden; viele verstanden nicht so recht, was sie spielen sollten. George Martin, der sich mit Orchestern auskannte, konnte ihnen doch einige Orientierungspunkte geben. Schließlich hoben die beiden Dirigenten – George Martin im Frack, Paul McCartney in einer roten Metzgerschürze und einem rot-schwarzen Paisleyhemd – ihre Taktstöcke und die Aufnahme begann. Unsicher versuchten die Musiker, sich gemeinsam die Tonleiter hinaufzuarbeiten, wobei jeder darauf achtete, was sein Nebenmann machte und wann er die nächsthöhere Note spielte, um sich schließlich zum fulminanten Schlusston zu steigern. Die Aufnahme wurde insgesamt fünfmal wiederholt und jede unterschied sich von den anderen, so dass George Martin und sein Team die Aufnahme aufwändig synchronisieren mussten. Allerdings gelang das nicht ganz optimal, so dass Leute mit feinen Ohren auch in der Endfassung noch hören können, dass die Orchestermitglieder nicht ganz im Gleichklang spielen.

„Diese Passage wurde dann später zur ‚musikalischen Ikone‘ erklärt. Bei dem Orchesterpart handelt es sich um eine Sound-Miniatur, die immer wieder erwähnt wird; John mochte diesen Abschnitt sehr. Es war toll, solche Ideen in das Stück einzubauen, ... (Paul McCartney in: Miles 1998, S. 388). "

Trotz aller Experimente und darin enthaltener Kontinuitätsbrüche bietet das Endprodukt „A Day In The Life" ein außergewöhnliches Hörerlebnis, wogegen der Text weniger eindrucksvoll ist. Der wirklich hörenswerte Song lebt in erster Linie von seiner musikalischen Originalität. Dennoch ist es reizvoll, auch den Text näher zu betrachten, insbesondere inwiefern es gelungen ist, die unterschiedlichen Textbausteine in einen harmonischen Zusammenhang zu bringen. Ins Deutsche übersetzt hat der Text folgenden Inhalt:

Ich las heute die Nachrichten, oh Mann, über einen glücklichen Mann, der es geschafft hatte. Und obwohl die Nachricht ziemlich traurig war, musste ich doch lachen. Ich sah die Fotografie. In einem Auto gab er den Geist auf. Er hatte nicht bemerkt, dass die Ampel umgeschlagen war. Eine Menge Leute stand da und starrte. Sie hatten dieses Gesicht schon einmal gesehen. Keiner war sich richtig sicher, ob er nicht jemand vom ‚House Of Lords' war. Ich sah heute einen Film, oh Mann, die englische Armee hatte gerade den Krieg gewonnen. Eine Menge Leute wandte sich ab, aber ich musste hinsehen. Ich hatte das Buch gelesen. Ich würde euch gerne ‚antörnen'. Ich erwachte, kam aus dem Bett, zog den Kamm über meinen Kopf, fand meinen Weg die Treppe herunter und trank eine Tasse. Als ich aufmerkte, stellte ich fest, dass ich spät dran war. Ich fand meinen Mantel, schnappte meinen Hut, schaffte den Bus in wenigen Sekunden. Schon war ich auf der Treppe nach oben und rauchte. Jemand sprach und ich begann zu träumen. Ich hörte heute die Nachrichten, oh Mann, vier tausend Löcher in Blackburn, Lancashire. Obwohl die Löcher ziemlich klein waren, mussten sie sie alle zählen. Nun wissen sie, wie viele Löcher nötig sind, die Albert Hall zu füllen. Ich würde euch gerne ‚antörnen'.

Der Erzählcharakter aus der Ich-Perspektive verbindet doch in gewisser Weise die unterschiedlichen Songelemente und gibt ihnen einen gemeinsamen Rahmen, so dass es eine – wenn auch brüchige – Geschichte ergibt. Die Bilder, die der Text entwirft, wirken, insbesondere in ihrer Kombination, schon etwas skurril. Es fällt auch nicht schwer, gewisse Andeutungen im Text in Bezug zu Drogen zu verstehen, was wohl auch beabsichtig aber nicht genau zu belegen war.

Viele Beatles-Fans, insbesondere jene, die noch den Sound der Beatlemania gewohnt waren, wussten nicht so recht, was sie von diesem Song halten sollten, zumal sie die Entstehungsgeschichte nicht kannten. Allerdings waren Musikkritiker zumeist voll des Lobes.

„In diesem Geniestreich kommt alles zusammen, was die Beatles zu dem in ihrer Zeit so überragenden musikalischen Phänomen gemacht hat; ein geradezu unglaubliches Gespür für musikalische Stimmungen, eine perfekte Darbietung und eine überschäumende Experimentierfreude, die vor keiner klanglichen Konvention haltmacht (Benzinger in: Bratfisch 2002, S. 157)."

Auch für John Lennon war der Song ein Höhepunkt in der Karriere der Beatles, obwohl er sich später doch nicht so ganz zufrieden äußerte:

„,A Day In The Life' gefällt mir, aber es ist immer noch nicht halb so schön, wie es erschien, als wir es aufgenommen haben. Ich nehme an, wir hätten härter daran arbeiten können, aber ich kriegte den Arsch nicht hoch, um noch mehr zu machen (John Lennon in Anthology 2000, S. 253)."

Allerdings belegte die BBC den Song wegen der Zeile „I'd love to turn you on" mit einem Sendeverbot, da man diese als Aufforderung zum Drogenkonsum wertete. Erst Anfang der 70er Jahre wurde das Verbot aufgehoben.

Dem Vorwurf, es handele sich um einen Drogensong, hielt Paul die lakonische Bemerkung entgegen, dass es in dem Song nur darum geht, den Bus zur Schule rechtzeitig zu erwischen! Ernsthaft hat Paul jedoch den Drogenbezug des Songs nie bestritten. Aber egal, wie man diesbezüglich den Song einordnet; in jedem Fall ist „A Day In The Life" eines der erstaunlichsten Werke in der Geschichte der Popmusik. Damit lieferten die Beatles wie Pioniere den Beweis, dass es in der Popmusik eigentlich keine Begrenzungen gibt und dass diese nur so lange gelten, bis sie jemand überwindet. Mit ihrer Kreativität und Experimentierfreude waren sie in der Tat Pioniere der Popmusik.

12. <u>All you need is love</u>

„Love, love, love, love love love,

Love, love, love.

There's nothing you can do

That can't be done.

Nothing you can sing that can't be sung.

Nothing you can say but you can learn

How to play the game it's easy ..."

Im Sommer 1967 präsentierten die Beatles einem Millionenpublikum auf der ganzen Welt in der ersten weltweit per Satellit ausgestrahlten Fernsehsendung mit „All You Need Is Love" die ultimative ‚Hippie-Hymne'. Neben der Aufnahme bei der TV-Übertragung vom 25.6. gab es schon eine Aufnahme des Songs, die vom 14. bis 24.6.67 aufgezeichnet wurde. Der Song erschien am 7.7.1967 erstmals als Single, in den USA am 17.7.67. Damit lieferten sie zum richtigen Zeitpunkt das passende Motto zur damaligen „Flower-Power-Bewegung".

Für den 1. Juli 1967 war unter dem Titel „Our World" eine gleichzeitig in die ganze Welt, in 24 Ländern auf fünf Kontinenten, zu übertragende Fernsehsendung geplant. Dazu sollten viele Länder einen für sie bzw. für ihre Kultur typischen Sendebeitrag leisten. Zwar war die Beatlemania inzwischen vorbei, doch waren die Beatles in jener Zeit immer noch der bedeutendste britische Exportschlager. Darum fragte die BBC bei Brian Epstein an, ob die Beatles mit einem speziellen Beitrag England vertreten könnten. Sie sagten zu und Brian war zuversichtlich, dass sie einen großartigen Song live präsentieren würden. In jener Zeit hatten sie aber keinen passenden Song in der Schublade. Daher musste ein neuer Song mit eingängiger Melodie und einem einfachen Text geschrieben werden, damit das riesige, internationale Publikum damit etwas anfangen könnte. Sie brauchten dafür dieses Mal aber beunruhigend lange.

„Der Zeitpunkt rückte näher und näher, und sie hatten immer noch nichts geschrieben. Dann ungefähr drei Wochen vor dem Fernsehauftritt setzten sie sich hin und schrieben. Die Platte war innerhalb von Tagen fertig (Brian Epstein in: Anthology 2000, S. 357). "

John hatte schließlich die rettende Idee und schrieb den Song „All You Need Is Love". Die anderen Drei steuerten nur ein paar kleine Ideen dazu bei, wie z.B. solche kleine Albernheiten wie z.B. „She loves you yeah, yeah, yeah" zum Schluss. Da sie davon ausgehen mussten, dass ein großer Teil des Millionenpublikums kein Englisch verstand, hielt John den Refrain „All You Need Is Love" bewusst einfach. Er lud zum Mitsingen ein und enthielt eine einfache positive Botschaft. Das machte den Song zu einem idealen Beitrag für das völkerverständigende Anliegen der ersten weltweiten Fernsehübertragung. Dagegen war Text der Strophen weniger zugänglich, eher schwer verständlich. Sogar Paul gestand, dass er ihn nie so richtig verstanden hatte (vgl. Paul McCartney in: Miles 1998, S. 424). Als John Text und Akkorde für den Song fertig hatte, spielten sie ihn experimentell mit allerlei verschiedenen Instrumenten und Geräuschen. Dabei kam ihnen die Idee, dass sich eine Orchesterbegleitung für den Song gut machen würde.

Die Aufnahmen für den Song dauerten zehn Tage, während der Countdown lief. Für den Auftakt wählten sie den Anfang der „Marseillaise", der französischen Nationalhymne, was ihnen für eine grenzüberschreitende Botschaft der Liebe perfekt geeignet schien. Für den Schluss spielten sie verschiedene Musikfetzen mit ein, wie z.B. etwas von „Greensleaves", etwas von Bach oder „In The Mood". Für den letzten Titel mussten sie letztlich sogar Nutzungsgebühren zahlen. Sie brauchten 50 Takes, bis alles saß und aufgenommen war. Aber würden sie bei der weltweiten TV-Übertragung alles so präsentieren und die Illusion einer Live-Session herstellen können? Außerdem hatten die Beatles zu jener Zeit schon fast ein Jahr nicht mehr live vor Publikum gespielt und waren es inzwischen gewohnt, Songs immer wieder neu aufzunehmen. Ihrem Produzenten George Martin war klar, dass bei einer Live-Aufnahme durchaus einiges misslingen konnte. Deshalb bestand George Martin darauf, dass die Hintergrundmusik vom Band eingespielt werden sollte. Das rief aber den Widerspruch der BBC hervor, weil dies der Idee einer Live-Sendung widersprach. Da es aber einen festen Vertrag mit den Beatles gab, lenkte die BBC schließlich ein. Am Tag vor der großen Fernsehübertragung, am 24.6.67, fand eine Pressekonferenz mit 100 Journalisten und Fotografen in den Abbey Road Studios statt. Anschließend erfolgte die Generalprobe. Die Beatles meinten danach, dass ein paar zusätzliche Sänger eine bessere Atmosphäre schaffen würden. So machten sie einen Streifzug durch ihre Lieblingskneipen und kamen mit einigen bekannten Leuten der Musikszene wie z.B. Mick Jagger, Keith Richards, Keith Moon, Marianne Faithful oder Eric Clapton zurück. Mit ihnen zusammen wurde der Gesang des Refrains noch einmal aufgenommen und unter die Hintergrundmusik gemischt. So hatten sie sich mit George Martin auf das große TV-Ereignis vorbereitet; sie würden live zur Musik vom Band singen. Am Tag der TV-Übertragung wurden morgens noch einmal die Kameraeinstellungen überprüft. Das Orchester war ebenfalls schon früh da und erhielt letzte Instruktionen. Die Beatles hatten wieder ihre Freunde der ‚love generation' eingeladen, bei der Live-Übertragung dabei zu sein. Als dann die Sendung begann, verfolgten 400 Millionen Zuschauer die erste weltweite TV-Livesendung per Satellit. Jedes Land, das mit einem Beitrag beteiligt war, hatte dafür fünf Minuten. Australien lieferte als ersten Beitrag, wie morgens um fünf Uhr die erste Straßenbahn mit Besatzung aus dem Depot ausrückte. Deutschland bot einen Einblick in eine Wagneraufführung aus Bayreuth. Aus einem anderen Land konnten die Fernsehzuschauer live die Geburt eines Kindes miterleben und England bot eben eine Aufnahme-Session der Beatles.

„Es herrschte ein bisschen Panik, weil alles in dem großen Studio eins bei EMI stattfand. (...) Wir hatten eine Grundspur der Aufnahme für die Fernsehsendung vorbereitet, aber wir würden vieles live machen. Es gab ein Liveorchester, der Gesang war live, das Publikum sowieso, und wir wussten, dass es eine Liveübertragung im Fernsehen sein würde. (...) Dreißig Sekunden bevor es losging, kam ein Anruf. Es war der Produzent der Show, der sagte: ‚Ich fürchte, dass ich jeglichen Kontakt zum Studio verloren habe. – Sie werden die Anweisungen zu Ihnen durchgeben müssen, weil wir jetzt jeden Moment auf Sendung gehen'. Ich dachte: ‚Meine Güte, wenn du dich schon blamieren musst, dann kannst du es genauso gut vor 350 Millionen Leuten tun'. In diesem Moment musste ich nur noch lachen (George Martin in: Anthology 2000, S. 257)."

Bei der Übertragung der Liveaufnahme von „All You Need Is Love" war nichts von dieser Unsicherheit zu spüren. Vielmehr sahen die Zuschauer eine fröhliche Musikparty mit den Beatles im Mittelpunkt. Zum Ende der Aufnahme sah man die zahlreichen Gäste im Studio in psychedelischer Hippiekleidung gemeinsam tanzend und „All You Need Is Love" singend. Zwischen Luftballons und Blumen war auch ein großes Yin-Yang-Zeichen zu sehen, was sehr wahrscheinlich durch den Einfluss von Yoko Ono auf John zu erklären ist. All dies wurde von der Kameraführung durch geschickte Überblendungen eindrucksvoll in Szene gesetzt.

„Es war eine professionelle Aufnahme. Ich erinnere mich an Kamerateams und zahlreiche bunt angezogene Leute. Es war psychedelisch und all das, aber die BBC filmte in Schwarzweiß! Wenn wir das gewusst hätten, hätten wir die Aufnahmen selbst gemacht (Neil Aspinall in: Anthology 2000, S. 257)."

Erst einige Tage nach der TV-Übertragung gaben die Beatles bekannt, dass „All You Need Is Love" ihre nächste Single werden würde. Aber die Live-Aufnahme der TV-Sendung gelangte nicht auf die Platte, vielmehr wurden für die Single die

Gesangstimmen und die Instrumente verbessert aufgenommen.

So eingängig und leicht verständlich der Refrain des Songs auch ist, der übrige Text erschließt sich nicht so einfach. Der Text besagt in Gänze folgendes:

Liebe. –(*Dieses Wort wird zu Beginn 9x intoniert*). Dann heißt es im weiteren Text: Es gibt nichts, das du tun kannst, das nicht getan werden könnte. Nichts, was du singen kannst, das nicht gesungen werden kann. Nichts was du sagen kannst, aber du kannst lernen, wie das Spiel gespielt wird. Es ist leicht. Nichts, was du tun kannst, das nicht gemacht werden kann. Niemand, den du retten kannst, der nicht gerettet werden könnte. Nichts, was Du tun kannst, aber du kannst lernen, beizeiten Du selbst zu sein. Darauf folgt der bekannte Refrain: Alles, was du brauchst, ist Liebe. Alles, was du brauchst, ist Liebe. Alles, was du brauchst ist Liebe, Liebe ist alles, was du brauchst. Nach dem Refrain kommt wieder die neunfache Wiederholung des Wortes Liebe, wie zu Beginn. Darauf folgt wieder der Refrain. Die dann folgende dritte Strophe besagt dann: Es gibt nichts, was du wissen kannst, das nicht bekannt ist. Nichts, was du sehen kannst, das nicht gezeigt wurde. Nirgends kannst du sein, wo du nicht sein solltest. Es ist leicht. Zum Schluss gibt es dann noch eine zweifache Wiederholung des Refrains: Alles, was du brauchst, ist Liebe. Alles, was du brauchst ist Liebe. Alles, was du brauchst, ist Liebe, Liebe ist alles, was du brauchst. Alles, was du …. .

Auf Anhieb lässt sich kein Zusammenhang zwischen Strophen und dem Refrain ausmachen, weswegen man Pauls Irritation gut verstehen kann. Allerdings dominiert die Botschaft der überragenden Bedeutung der Liebe für uns Menschen den ganzen Song. Darauf kam es John auch an.

„Das ist wirklich meine höchste politische Überzeugung. Wir alle brauchen mehr Liebe (John Lennon in: Bratfisch 2002, S. 20). "

Damit meinte jedoch nicht die Liebe in der Zweisamkeit, sondern die altruistische, universelle Liebe, von der etwa in der Religion die Rede ist. Auch Manager Brian Epstein war tief beeindruckt von der Botschaft des Songs.

„Dies ist ein Song mit Inspiration, weil sie ihn für eine weltweite Übertragung geschrieben haben, und sie wollten der Welt wirklich eine Botschaft senden. Es hätte keine bessere Botschaft sein

können. Es ist eine wunderbare, unvergleichlich schöne Platte, bei der es einem kalt den Rücken runterläuft (Brian Epstein in: Anthology 2000, S. 257)."

„All You Need Is Love" erreichte noch im Juli die Spitze der britischen Charts und blieb dort für drei Wochen. In den USA brauchte der Song einen Monat, bis er die dortige Nummer eins wurde. Er hielt diese Position aber nur eine Woche. Der Song schien in perfekter Weise die damalige Stimmung der Popkultur einzufangen.

„Ich kriege immer noch eine Gänsehaut, wenn ich die Beatles ‚All You Need Is Love' singen höre. Ich

habe mir immer gewünscht, dass dieser Song zur Hymne der Welt wird (Michael Jackson in: Bratfisch 2002, S.20)."

13. <u>Hey Jude</u>

„Hey Jude, don't make it bad,

Take a sad song and make it better.

Remember to let her into your heart

Then you can start to make it better.

Hey Jude, don't be afraid ..."

„Hey Jude" ist der meistverkaufte und mit 7 Minuten und 11 Sekunden der längste aller Beatles-Songs. Er wurde vom 29.7. bis 1.8.1968 mit einem 36-köpfigen Orchester aufgenommen und erschien erstmals als Single am 26.8.68.

Über die Entstehung dieses berühmten Hits hat Paul McCartney, der ihn weitgehend allein geschrieben hat, in verschiedenen Quellen ausführlich berichtet. Es war 1968, als John sich von seiner Frau Cynthia hatte scheiden lassen, um sich noch enger an Yoko Ono binden zu können. Nach der Scheidung beschloss Paul, Cynthia und ihren Sohn Julian zu besuchen. Sie waren seit langem befreundet und er empfand Mitgefühl für sie, da sie die ziemlich kurzfristige Trennung hart getroffen haben musste. Er wollte sie trösten und ihnen seinen Beistand anbieten. Auf der Autofahrt dort hin kam ihm die Idee zu „Hey Jude". Dabei begann er mit den Worten „Hey Jules" – gemeint war Julian, „don't make it bad, take a sad song and make it better." Damit wollte er ausdrücken: „Nimm dir die Trennung nicht so sehr zu Herzen." Er hatte Mitleid mit Julian, da er wusste, dass eine Trennung der Eltern für Kinder besonders schlimm ist. Darum wollte er mit dem Song eine hoffnungsvolle Botschaft für Julian vermitteln. Als Paul nach einer Fahrt von einer knappen Stunde bei Cynthia und Julian eintraf, hatte er den Song in seinem Kopf schon in groben Zügen fertig. Er änderte aber den Namen in ‚Jude', weil er fand, dass dies besser klang (vgl. Miles 1998, S. 579). Zudem gefiel Paul der Name, nachdem er ihn bei einem Darsteller im Musical „Oklahoma" gehört hatte. Als er den Song weitgehend fertig hatte, spielte er ihn John und Yoko vor. Als er die noch improvisierte Zeile „The movement you need is on your shoulder", was etwa ausdrücken sollte „den

Schwung, den du brauchst, ist auf deiner Schulter", fand er das irgendwie blöd. So meinte Paul, dass dies nur eine grobe Skizze sei und er das noch ändern wolle. John sah das aber ganz anders und hielt gerade diese Zeile für die beste des ganzen Songs. So bestärkt beließ Paul die Zeile in dem Song.

Vor und bei den Aufnahmen von „Hey Jude" gab es manche bemerkenswerte Vorkommnisse. Als sich Paul mit George zusammensetzte, um den Song schon mal anzuspielen, gab es Ärger zwischen den beiden. Als George schon ab der ersten Zeile mit seiner Gitarrenbegleitung einsetzte, fuhr Paul ihn an *„Nein, George, du steigst frühestens beim zweiten Refrain ein"*. Er wollte, dass sich der Song nach und nach steigert. Aber George war ziemlich pikiert. Paul bedauerte später, dass er George damit vor den Kopf gestoßen hatte. Als sie später in den 1990er Jahren anlässlich der Anthology-CDs wieder zusammenarbeiteten, witzelten sie über den Vorfall und Paul meinte reumütig, dass er damals wohl ein autoritäres Arschloch gewesen muss. Darauf soll George süffisant ironisch geantwortet haben: *„Ach was, Paul. Du doch nicht (George Harrison in: Miles 1998, S. 582).*

Bei der Aufnahme des Songs in den Trident Studios in Soho ereignete sich folgender witziger Zwischenfall. Ringo verschwand mal zwischendurch kurz zur Toilette, ohne dass Paul das mitbekam. So begann Paul, in dem Glauben, Ringo säße noch hinter ihm, mit dem Take, der später auf der Platte veröffentlicht wurde. Dann huschte Ringo wieder auf Zehenspitzen zu seinem Schlagzeug und setzte mit einem perfekten Timing etwas verspätet ein. Paul fand diese Verzögerung großartig, entschied sich für diese Aufnahme, und so setzt dann auch auf der veröffentlichten Platte Ringos Schlagzeug erst lange nach dem Beginn ein. Dann gab es auf der Platte ein paar Schönheitsfehler. Wer ganz spitze Ohren hat, kann auf der Platte nach ca. drei Minuten einen Fluch von John Lennon hören, der zwar überspielt aber nicht entfernt wurde. Ebenso ist hörbar, wie ein genervtes Orchestermitglied irgendwann aus dem sehr langen Schlusschor einfach aussteigt. Ursprünglich sollte der Song gar nicht so lang werden, wie er es letztlich wurde. Aber als der Originaltrack aufgenommen wurde, hatte Paul so viel Spaß mit den verbalen Improvisationen zum Schluss, dass er gar nicht damit aufhören konnte (vgl. Miles 1998, S. 580). Ihr Produzent George Martin hatte zunächst große Vorbehalte wegen der Überlänge von „Hey Jude", weil ein damals ungeschriebenes Gesetz für Singles nur eine maximale Länge von drei Minuten vorsah. Er fürchtete, dass viele Radiostationen und Discjockeys die Platte aus diesem Grund nicht spielen würden. John entgegnete darauf selbstbewusst: *„Das werden sie schon, wenn sie wissen, dass sie von den Beatles ist."* In der Tat kam es auch so; nach anfänglicher Zurückhaltung wollte sich keine Radiostation der Kritik aussetzen, wenn sie den aktuell populärsten Hit nicht spielten.

Aus der ungewöhnlichen Länge des Songs ergab sich auch ein technisches Aufnahmeproblem. Nach Auffassung der Toningenieure konnte man damals höchstens vier Minuten auf einer Single unterbringen. Je mehr man die Rillen auf der Platte zusammenquetschen würde, gäbe es einen deutlichen Verlust an Klangqualität. Zum Ausgleich müsste man dann die Lautstärke erhöhen. Sie haben das Problem schließlich dadurch gelöst, dass Songstellen, die nicht so laut zu sein brauchten, auf enger liegenden Rillen zusammengequetscht wurden. Dadurch gewannen sie so viel Platz, dass der Song mit seiner Länge von mehr als 7 Minuten auf einer Single passte.

Von Pauls ursprünglicher Intention bei „Hey Jude", Julian zu trösten, ist im Text letztlich kaum etwas zu erkennen. Viele Wortspiele, Fremdbezüge, spezifisch englische Redewendungen und Verallgemeinerungen überlagern bzw. verwässern den ursprünglichen Ansatz so sehr, so dass man den Text in Deutsch nur schwer und auch in Bezug zu einer Zweierbeziehung deuten kann. Wörtlich übersetzt hat der Text folgenden interpretationsbedürftigen Inhalt:

Hey Jude, mach' es nicht schlecht / nimm's nicht so schwer. Nehme ein trauriges Lied und mache es besser. Denk' daran, sie in dein Herz zu lassen. Dann kannst du anfangen, es wieder besser zu machen. Hey Jude, habe keine Angst. Du bist gemacht, dich aufzumachen und sie zu gewinnen. In der Minute, in der du sie unter deine Haut lässt, beginnst du, es besser zu machen. Jedes Mal, wenn du den Schmerz fühlst, noch einmal Hey Jude, trage die Welt nicht auf Deinen Schultern. Du weißt gut, dass derjenige, der alles ‚cool' nimmt, ein Narr ist, indem er seine Welt etwas kälter macht. Hey Jude, lass' mich nicht fallen/verlass' mich nicht. Du hast sie gefunden, nun gehe und nehme sie. Denke daran, sie in dein Herz zu lassen. Dann kannst du anfangen, es besser zu machen. So lass' es raus und lass' es rein, Hey Jude, fang an. Du wartest auf jemanden, um es mit ihm zu vollbringen. Und weißt du nicht, dass du es bist, der es tun wird. Der Schwung, den du brauchst, ist auf deiner Schulter. Hey Jude, mach' es nicht schlecht, nimm ein trauriges Lied und mache es besser. Denke daran, sie unter Deine Haut zu lassen. Dann wirst du beginnen, es besser zu machen.

John sah in „Hey Jude" eines der Meisterwerke von Paul und wusste dessen Mitgefühl für seine Familie und insbesondere für Julian zu schätzen. Er hat den Song aber auch als an ihn gerichtet verstanden. Aus den Worten „go out and get her" las er eine Botschaft von Paul an ihn heraus, dass er ihm seinen Segen für die Auflösung seiner Ehe mit Cynthia gäbe und Verständnis dafür hätte, dass Yoko ihm nun näher sei als sein alter Freund Paul. Rational betrachtet wusste John, dass dies überhaupt nicht der Fall war und Paul John als Freund nicht verlieren wollte. Paul hat diese Auffassung auch nie geteilt. Schon eher könnte eine Verarbeitung von Pauls Trennung von seiner langjährigen Freundin Jane Asher unterschwellig eine Rolle gespielt haben. So sehr John „Hey Jude" von Paul gefiel und schätzte, gab es doch Streit zwischen ihm und Paul um die Veröffentlichung, denn John wollte seinen neuen Song „Revolution" auf der A-Seite der neuen Single haben, die Paul für „Hey Jude" reklamierte und dafür auch Unterstützung bei den Bandkameraden fand. So wurde Johns „Revolution" die B-Seite von „Hey Jude", womit John allerdings noch lange haderte. Er äußerte sich später dazu nicht gerade kameradschaftlich:

„Okay, die Beatles haben zugestimmt, dass ,Revolution' auf einer Single erscheint. Aber sie haben sich für die langsame, verständliche Version entschieden. ... Das haben sie nur gemacht, weil sie sich über Yoko geärgert haben. Und weil sie gemerkt haben, dass ich auf einmal wieder so viele Ideen hatte wie am Anfang – nachdem ich ein paar Jahre nichts zustande gebracht hatte. Plötzlich war ich wieder da, das brachte ihr ganzes Weltbild durcheinander (John Lennon in: Hill 2010, S. 333)."

Vor der Veröffentlichung der Platte unterlief Paul ein peinlicher Fauxpas. Er ließ im Schaufenster ihrer damals leeren ,Apple-Boutique' groß den Schriftzug „Hey Jude" anbringen, ohne zu wissen, dass er damit bei vielen Leuten Erinnerungen an das dunkelste Kapitel deutscher Geschichte heraufbeschwor. Darauf drohte ihm ein Feinkosthändler Prügel durch seine Söhne an, weil er auf das Schaufenster „Jude" geschrieben hatte, was die Nazis 1933 und 1938 in der Reichskristallnacht neben anderer schlimmen Parolen auf die Fenster jüdischer Geschäfte geschmiert hatten. Paul hatte das nicht bedacht. Es tat ihm sehr leid, zumal viele seiner Freunde Juden waren. Er sorgte dann umgehend für die Entfernung des Schriftzugs, denn damals konnte ja noch keiner wissen, dass es sich um den Titel der neuen Beatles-Platte handelte.

„Hey Jude" wurde die erfolgreichste Platte der Beatles und gleichzeitig die erste auf ihrem eigenen ‚Apple-Label'. 5 Millionen Exemplare wurden schon nach sechs Monaten verkauft, bis 2002 waren es 8 Millionen. In Großbritannien sprang der Song aus dem Stand auf Platz eins, konnte sich dort aber nur zwei Wochen halten, weil er  dann von einer anderen Komposition Pauls „Those Were The Days", gesungen von Mary Hopkins, abgelöst wurde. In den USA gelangte der Song

zunächst in die Top 10 und dann auf Platz eins. Dort blieb er für neun Wochen und übertraf damit sogar den Erfolg der Beatles, den sie dort 1964 mit „I Want To Hold Your Hand" erzielt hatten. Auch international war der Erfolg riesig, in elf Ländern weltweit belegte „Hey Jude" den ersten Platz. Nach einer Forsa-Umfrage von 1995 hielten zwei Drittel aller Deutschen „Hey Jude" für den größten Hit der letzten dreißig Jahre (vgl. Bratfisch 2002, S. 239).

14. Let it be

„ When I find myself in times of trouble

Mother Mary comes to me

Speaking words of wisdom, let it be ..."

„Let It Be" gehört zweifellos zu den größten und bekanntesten Hits der Beatles. Es ist unverkennbar ein typischer McCartney-Song mit einer eingängigen Melodie, die das Zeug zum ‚Ohrwurm' hat. Der Titel wurde 1968 während der hitzigen Aufnahmesessions zum Weißen Album geschrieben und erst am 31.1.1969 aufgenommen. In jener Zeit war das Verhältnis der Jungs untereinander schon ziemlich zerrüttet und die Auflösung der Band zeichnete sich ab. John hatte jegliches Interesse an der Band verloren. George hatte seinem Leben eine neue religiöse

Ausrichtung gegeben und empfand die Bands zunehmend als Zwangsjacke. Ringo war seit geraumer Zeit mit der gesamten Situation unzufrieden. Er hatte schon einmal seinen Austritt erklärt und schon erfolgreiche Schritte zu einer Solo-Karriere im Filmgeschäft unternommen. Paul war derjenige, der am intensivsten versucht hatte, die Band zusammenzuhalten. Aber je mehr er das versuchte, umso gereizter und widerspenstiger reagierten die anderen. Insbesondere das Verhältnis zwischen John und Paul war sehr angespannt. Der Streit um die Führung ihres Apple-Unternehmens spitzte die Situation zu, so dass Pauls Nerven blank lagen und es ihm sehr schlecht ging.

Vor diesem Hintergrund erklärt sich auch der Impuls zu „Let It Be" aus einem Traum heraus, den Paul in seiner Biografie so schilderte:

„Während dieser Zeit erschien mir meine Mutter im Traum – sie war damals seit etwa zehn Jahren tot. Ich freute mich total, sie wiederzusehen (...) und sie tröstete mich. Im Traum hörte ich sie sagen: 'Das wird schon wieder'. Ich weiß nicht, ob sie die Worte ‚Let it be' benutzte – ‚lass es geschehen', aber darauf lief ihr Ratschlag hinaus. Sie schien mir sagen zu wollen: ‚Nimm dir das

nicht so zu Herzen! Das wird schon wieder'. Als ich aufwachte, sagte ich mir:' Was für ein wunderschöner Traum!' (...) Das brachte mich dann auf die Idee zu „Let It Be". Mein Ausgangspunkt war ‚Mother Mary', denn Mary war der Name meiner Mutter. Die erste Zeile, ‚When I find myself in times of trouble', war aus dem Leben gegriffen, denn damals befand ich mich wirklich in schweren Zeiten. Der Song ging von diesem Traum aus (Paul McCartney in: Miles 1998, S.670). "

So hat der Ursprung dieses Songs eindeutig biografischen Charakter, der die Einsicht ausdrückt, loszulassen, was man nicht halten kann. Darüber hinaus hat er aber auch deutlich religiöse Züge, so dass dieser Song durchaus unterschiedliche Interpretationen zulässt. Schon das Orgelspiel lässt den Song wie einen christlichen Choral klingen. Dazu erinnern viele Textpassagen deutlich an Bibeltexte, wie z.B. „times of trouble" (Zeit der Not, Psalm 10,1), „the broken-hearted (die Zerschlagenen, Lukas 4,18) oder „a light that shines" (das Licht scheint in der Finsternis, Johannes 1,5). In diesem Zusammenhang lässt sich „Mother Mary" auch gut als die Jungfrau Maria verstehen. Schließlich hat die Aussage des Titels „Let It Be" auch eine gewisse Ähnlichkeit mit der christlichen Überlieferung, wonach sich die Jungfrau Maria dem Willen des Engels unterwarf. Als sie darüber informiert wurde, den Erlöser zu gebären, soll sie lt. Lukas geantwortet haben: „Mir geschehe, wie Du gesagt hast", eine Formulierung, die durchaus Ähnlichkeit mit „let it be" hat (vgl. Turner 2006, S. 273).

Es scheint, als hätte Paul dieses Lied zum Trost für sich selbst geschrieben, um wieder positiv nach vorne schauen zu können. Dazu wirkt es ein wenig wie ein emotionaler Schutz vor der sich abzeichnenden Auflösung seiner Band, die Beatles, mit der sich niemand so sehr identifiziert hatte wie er. Paul war sich der quasi-religiösen Implikationen seines Songs durchaus bewusst. Er fand es in Ordnung, dass viele dem Lied eine religiöse Dimension gaben. Er war sogar stolz darauf (vgl. Miles 1998, S.671).

Betrachtet man den gesamten Text, so besagt er, dass seine Mutter Maria ihn in Zeiten des Kummers und in seinen Stunden der Dunkelheit mit den Worten „Lass' es geschehen" tröstete. Wenn Menschen mit gebrochenen Herzen in einer teilnahmslosen Welt leben, gibt es eine Antwort, es geschehen zu lassen. Die, welche getrennt sind oder sich zerrissen fühlen, sie haben die Möglichkeit zu erkennen, dass es einen Weg geben wird, nämlich es geschehen zu lassen. Und wenn die Nacht voller Wolken ist, gibt es noch ein Licht, das auf ihn scheint, bis zum Morgen. Lass es geschehen. Er erwacht durch den Klang von Musik, Mutter Maria kommt zu ihm und spricht Worte des Trostes „Lass' es geschehen", es wird eine Antwort geben, „Lass' es geschehen."

Der trostspendende Inhalt des Textes ergibt sich nicht nur daraus, dass Mutter Maria immer wieder Worte des Trostes spendet. Er liegt auch darin, dass es auch in dunklen Stunden und Nächten wieder das Licht des Morgens, des nächsten Tages geben wird, wenn man gelernt hat, geschehen zu lassen, was man nicht verhindern kann.

Es ist gut möglich, dass Paul sich mit diesem Song den Kummer von der Seele geschrieben hat und diese Gedanken ihm geholfen haben, die damals für ihn schwierige Zeit durchzustehen. Selbst bei seinem starken Selbstbewusstsein, musste er sich wohl auch wiederholt die Frage gestellt haben, ob er nicht maßgeblich für die Auflösung seiner Band verantwortlich sei, zumal seine drei Kameraden damals gemeinsam Front gegen ihn machten.

Dieser großartige Titel wurde leider mit dem gesamten Filmprojekt „Let It Be" auf Eis gelegt, nachdem man sich nicht über Songauswahl für die LP und den Schnitt des Films einigen konnte. So wurden die LP und der Film erst im Mai 1970 veröffentlicht, als die Beatles als Band nicht mehr existierten. Die Single erschien etwas eher als letzte Single der Beatles schon am 6.3.1970 und in einer etwas längeren Version (gemixt von Phil Spector) am 8.5.1970. Im gleichen Monat kletterte die Single „Let It Be" an die Spitze der britischen Charts und blieb dort für drei Wochen. Im Juni stieg die gleichnamige LP an die Spitze der Album-Charts und hielt diese Position für vier Wochen; in den USA erhielt sie sogar Gold-Status.

Mit dem Song „Let It Be" hatte Paul etwas Dauerhaftes geschaffen, was die Herzen der Menschen berührte, und darf als Klassiker der Popmusik bezeichnet werden. Für viele Menschen war dieser Titel ein echter Trost, der ihnen über so manche schwere Zeit im Leben hinweg geholfen hat. In den folgenden Jahren erhielt Paul viele Briefe, die sich bei ihm für diesen Song bedankten. Bei Live-Konzerten kommt dieser Titel immer noch gut an. Am 13.7.1085 spielte Paul McCartney den Song live am Piano bei „Live Aid" im Wembley Stadion, dem bis dahin größten

Wohltätigkeitskonzert der Rockgeschichte. Als Ausdruck der Wertschätzung konnte man wiederholt erleben, wie Besucher bei diesem Titel Kerzen oder Feuerzeuge anzündeten bzw. leuchtende Smartphones schwenkten. Ein weiterer Hinweis für die Qualität und Bedeutung dieses Songs kann man daran erkennen, dass ihn unzählige Interpreten, Bands und Orchester wie die Berliner Philharmoniker oder ‚The London Symphony Orchestra' coverten und ihn in ihr Repertoire aufnahmen.

ANHANG

- Literatur und Quellenverzeichnis

- Discographie

- Zum Verfasser

1. **Literatur- und Quellenverzeichnis:**

Aldridge, Alan (Hg): The Beatles Songbook, München 1974

Bardola, Nicola: Ringo Starr, Die Biographie, Zürich 2020

Barrow, Tony/Bextor, Robin: Paul McCartney – Now&Then, Schlüchtern 2004

Benson, Ross: Paul McCartney – Die Biografie, München 1972

Bow, Dennis: Die Beatles kommen, München 1964

Bratfisch, Rainer: The Fab Four, Berlin 2002

Brown, Peter and Gaines, Steven: The love you make – an insider's story of the Beatles, New York 1983

Clayton,M./Thomas, G.: John Lennon, Bath UK, Parragon Books

Davies, Hunter: Alles was du brauchst ist Liebe, München/Zürich 1968

Hill, Tim: Daily Mail, The Beatles, Fränkisch Crumbach 2015

Howard, Ron: Eight days a week, Film-Doku, 2016

La-otse: Tao-Te-King, das heilige Buch vom Weg und der Tugend, Stuttgart 1980 Rec

Miles, Barry: Paul McCartney – Many years from now, Reinbek 1998

Miles, Barry: The Beatles Diary, East Bridgewater 2007

Moers/Meier/Bühring/Budéus: Die Beatles – Geschichte und Chronologie, Hamburg 2000

Niedergesäss, Siegfried: Die Beatles, Ravensburg 1987

Rolling Stone: John Lennon, Berlin, Ausgabe Dezember 2012

Seibold, Jürgen: Paul McCartney, Rastatt 1989

Southall, Brian: The WHITE ALBUM – Revolution, Politics & Recording, Zürich 2018

Spencer, Terence: Es war einmal - Die Beatles vor 30 Jahren, London 1994

Spencer, William F.: Das war John Lennon, München 1980

Page,N./Taylor, D.: The Beatles: Anthology, München 2000

Turner, Steve: Die Beatles – Ihre Welt und ihre Botschaft, Lahr 2008

ZDF/ORF: Die Beatles – Phänomen und Legende, TV-Doku 1985

www.wikipedia/The_Beatles

www.youtube – Howard Goodall, The Beatles: a musical appreciation and analysis, 2013

2. **Diskografie:**

Singles und Alben der Beatles

A) In England veröffentlichte Singles – in chronologischer Reihenfolge

1. Love Me Do / PS I Love You
2. Please Please Me / Ask Me Why
3. From Me To You / Thank You Girl
4. She Loves You / I'll Get You
5. I Want To Hold Your Hand / This Boy
6. Can't Buy Me Love / You Can't Do That
7. A Hard Day's Night / Things We Said Today
8. I Feel Fine / She's A Woman
9. Ticket To Ride / Yes It Is
10. Help / I'm Down
11. We Can Work It Out / Day Tripper
12. Paperback Writer / Rain
13. Eleanor Rigby / Yellow Submarine
14. Strawberry Fields Forever / Rain
15. All You Need Is Love / Baby You're A Rich Man

16. Hello, Goodbye / I'm A Walrus
17. Lady Madonna / The Inner Light
18. Hey Jude / Revolution
19. Get Back / Don't Let Me Down
20. The Ballad Of John and Yoko / Old Brown Shoe
21. Something / Come Together
22. Let It Be / You Know My Name

B) Zusätzlich in Deutschland erschienene Singles

1. Twist And Shout / Boys
2. I Want To Hold Your Hand / Roll Over Beethoven
3. It Won't Be Long / Money
4. Misery / Ask Me Why
5. Komm Gib Mir Deine Hand / Sie Liebt Dich
6. All My Loving / I Wanna Be Your Man
7. Do You Want To Know A Secret / Little Child
8. Please Mr. Postman / Hold Me Tight
9. Long Tall Sally / I Call Your Name
10. A Taste Of Honey / I'll Cry Instead

11. And I Love Her / I Should Have Known Better
12. If I Fell / Tell Me Why
13. Matchbox / I Saw Her Standing There
14. Low Down / I'm Happy Just To Dance With You
15. No Reply / Eight Day's A Week
16. Rock And Roll Music / I'm A Loser
17. Kansas City / I Don't Want To Spoil The Party
18. Yesterday / Act Naturally
19. Michelle / Girl
20. Nowhere Man / What Goes On
21. Ob-La-Di, Ob-La-Da / While My Guitar Gently Weeps
22. The Long And Winding Road / For You Blue
23. All Together Now / Hey Bulldog
24. Got To Get You Into My Life / Helter Skelter
25. Back In The USSR / Twist And Shout
26. Sgt. Pepper's Lonely Heart's Club Band / With A Little Help From My Friends

C) Alben in chronologischer Reihenfolge

1. 1961: **The Beatles Featuring Tony Sheridan** (veröffentlicht 1962)
   Ain't She Sweet/Cry For A Shadow/ Let's Dance/My Bonnie/Take Out Some Insurance Of Me/What I'd Say/ Sweet Georgia Brown/The Saints/Ruby Baby/Why/Nobody's Child/Ya Ya

2. 1963: **Please Please Me**
   I Saw Her Standing There/Misery/Anna/Chains/Boys/Aks Me Why/Please Please Me/Love Me Do/PS, I Love You/Baby It's You/Do You Want To Know A Secret/A Taste Of Honey//There's A Place/Twist And Shout

3. 1963: **With The Beatles**
   It Won't Be Long/All I've Got To Do/All My Loving/Don't Bother Me/Little Child/Till There Was You/Please Mr. Postman/Roll Over Beethoven/Hold Me Tight/You Really Got A Hold On Me/I Wanna Be Your Man/Devil In Her Heart/Not A Second Time/Money

4. 1964: **A Hard Day's Night**
   A Hard Day's Night/ I Should Have
   Known Better/If I Fell/I'm Happy Just To
   Dance With You/And I Love Her/Tell Me
   Why/Can't Buy Me Love/Any Time At
   All/I'll Cry Instead/Things We Said
   Today/When I Get Home/You Can't Do
   That/I'll Be Back

5. 1964: **Beatles For Sale**
   No Reply/I'm A Loser/Baby's In
   Black/Rock'n Roll Music/I'll Follow The
   Sun/Mr. Moonlight/Kansas City/Eight
   Days A Weekt/Words Of Love/Honey
   Don't/Every Little Thing/I Don't Want To
   Spoil The Party/What You'r
   Doing/Everybody's Trying To Be My
   Baby

6. 1965: **Help**
   Help/The Night Before/ You've Got To
   Hide Your Love Away/I Need
   You/Another Girl/You're Going To Loose
   That Girl/Ticket To Ride/Act
   Naturally/It's Only love/You Like Me Too
   Much/Tell Me What You See/I've Just
   Seen A Face/Yesterday/Dizzy Miss Lizzy

7. 1965: **Rubber Soul**

Drive My Car/Norwegian Wood/You Won't See Me/Nowhere Man/Think For Yourself/The Word/Michelle/What Goes On/Girl/I'm Looking Through You/In My Life/Wait/If I Needed Someone/Run For Your Life

8. 1966: **Revolver**

Taxman/Eleanor Rigby/I'm Only Sleeping/Love You Too/Here There And Everywhere/Yellow Submarine/She Said She Said/Good Day Sunshine/And Your Bird Can Sing//For No One/Dr. Robert/I Want To Tell You/Got To Get You Into My Life/Tomorrow Never Knows

9. 1967: **Sgt. Pepper's Lonely Hearts Club Band**

Sgt. Pepper's Lonely Hearts Club Band/With A Little Help From My Friends/Lucy In The Sky With Diamonds/Getting Better/Fixing A Hole/She's Leaving Home/Being For The Benefit Of Mr. Kite/ Wihin You Without You/When I'm Sixty-Four/Lovely Rita/ Good Morning Good Morning/Sgt. Pepper's Lonely hearts Club Band Reprise/A Day In The Life

172

10. 1968: **Yellow Submarine**

Yellow Submarine/Only A Northern Song/All Together Now/Hey Bulldog/It's All Too Much/All You Need Is Love/Pepperland/Sea Of Time/Sea Of Holes/Sea Of Monsters/March Of The Meanies/Pepperland Laid Waste/Yellow Submarine In Pepperland

11. 1968: **The Beatles (White Album)**

Back In The USSR/Dear Prudence/Glass Onion/Ob-La-Di Ob-La-Da/Wild Honey Pie/The Continuing Story Of Bungalow Bill/While My Guitar Gently Weeps/Happiness Is A Warm Gun/Martha My Dear/I'm So Tired/Blackbird/Piggies/Rocky Raccoon/Don't Pass Me By/Why Don't We Do It In The Road/I Will/Julia/Birthday/Yer Blues/Mother Nature's Sun/Everybody's Got Something To Hide Except Me And My Monkey/Sexy Sadie/Helter Skelter/Long LonG Long/Revolution1/Honey Pie/Savoy Truffle/Cry Baby Cry/Revolution No. 9/Good Night

12. 1969: **Abbey Road**

Come Together/Maxwell's Silver Hammer/Something/Oh Darling/Octopus'

Garden/I Want You/Here Comes The
Sun/Because/You Never Give Me Your
Money/Sun King/Mean Mr.
Mustard/Polythene Pam/She Came In
Through The Bathroom Window/Golden
Slumbers/Carry That Weight/The End

13. 1970: **Let It Be**

Two Of Us/Dig A Pony/Across The
Universe/I Me Mine/Dig It/Let It
Be/Maggie Mae/I've Got A Feeling/One
After 909/The Long And Winding
Road/For Your Blue/Get Back

3. <u>Zum Verfasser:</u>

Wolfgang Brockers, geboren 1950 in Mönchengladbach, studierte Geschichte, Philosophie und Sport in Neuß und Wuppertal. Von 1980 bis 2014 unterrichtete er an einem Mönchengladbacher Gymnasium.

Seit den frühen 1960er Jahren ist er bekennender Beatles-Fan. Neben seiner Begeisterung für die Musik der ‚Fab Four' verfolgte er auch nach der Auflösung der Beatles interessiert den musikalischen und biografischen Werdegang der Ex-Beatles. Mit zunehmender Vertrautheit mit dem Phänomen der Beatles und wachsender Detailkenntnis wuchs allmählich die Überzeugung, dass es immer noch eine lohnenswerte Aufgabe ist, ihre Songs erneut im Kontext der damaligen Zeit näher zu betrachten. Daraus entstand die Idee zu der vorliegenden Arbeit.

Bisherige Veröffentlichungen von Wolfgang Brockers:

1. Karate methodisch lehren und lernen, Mönchengladbach 1983, (Eigenverlag)
2. Do – vom Geist des Zen im Karate, Landau 1993
3. Kara – Zen, Philosophie und Karate-Do, Lüneburg 1998
4. Tobi-Ishi – Trittsteine eines Karateweges, Lüneburg 2007
5. Karate im Wandel, Norderstedt 2012, BoD
6. Budogeist für Karateka, Mönchengladbach 2014 (Eigenverlag)
7. Karate-Essays, Norderstedt 2014, BoD
8. Mönchengladbachs historische Momente, Norderstedt 2016, BoD
9. Die Kulturrevolution der Beatles, Norderstedt 2019, BoD
10. Karate-do, Budokunst und Zenweg, Norderstedt 2020, BoD